Renate von Gizycki

Freunde und Meer – ein Leben lang

Mein Dalmatientagebuch 1961–2008. Eine Zeitreise

Dieses Buch ist Vesna Radman,

ihrer großen Familie und

allen Freunden auf den Inseln zugeeignet.

In Liebe und Dankbarkeit.

Herzlich Renate

In memoriam Horst von Gizycki

Bibliografische Information der Deutschen Nationalbibliothek:
Die Deutsche Nationalbibliothek verzeichnet diese Publikation
in der Deutschen Nationalbibliografie, detaillierte bibliografische
Daten sind im Internet über dnb.dnb.de abrufbar

TWENTYSIX – Der Self-Publishing-Verlag
Eine Kooperation zwischen der Verlagsgruppe Random House und
BoD – Books on Demand

© 2016 Renate von Gizycki

Redaktion und Lektorat: Irmhild Cronjaeger
Gestaltung: Yvonne Pfeifer
Fotos: Renate von Gizycki
Skizzen und Aquarelle: Horst von Gizycki
ISBN: 978-3-7407-1357-7

Inhalt

Einleitung	7
Entdeckungsreisen – Sćédro	25
Pavos Insel – Initiation	35
Hvar – die frühen Jahre	47
Kleingriechenland und die Höhlenmenschen	47
Laterna Magica – oder die Begegnung mit dem Zeitgeist	53
Weltenbaum im Franziskanerkloster	55
Maslinica auf Šolta	61
„Prager Sommer" 1968	71
Dorfgeschichten	75
Schiffe, Boote und ein Kahn	81
Die schönen und merkwürdigen Tage zwischen Palmižan und Orebič	88
Korčula – Sommerschule	107
Korčula und die Praxisgruppe	107
Korčula und die Deutschen	115
Dubrovnik: Krieg und Frieden	123
Reise zu Freunden: aus dem Tagebuch 1993 und 1994	123
Fragmente des Schreckens	131
Ein Hauch von Casablanca	137
Tauben und Tornados	151
Pharos – die Insel Hvar im Wandel	163
Lebenskreise	170
Neues Ferienland Kroatien	183
Wiedersehen mit Dalmatien 2003–2008	183

 Die Autorin, Südseeforscherin und Lyrikerin Renate von Gizycki wuchs in Gießen, Berlin und Goslar auf. Nach dem Abitur 1947 hielt sie sich zwei Jahre in England auf und kehrte 1950 nach Deutschland zurück. Nach verschiedenen Tätigkeiten und Auslandsaufenthalten nahm sie 1959 ein Studium der Ethnologie, Soziologie und Kulturanthropologie, Philosophie und Geschichte an der Universität Göttingen auf. 1970 promovierte sie mit einer Dissertation über die Rolle des Poeten in der polynesischen Gesellschaft (Haku mele), die 1971 veröffentlicht wurde.

Es folgten Forschungsaufenthalte und Reisen in den USA, in Vietnam und im Pazifik: u.a. Hawaii, Tonga, Fidschi, Samoa, Neuseeland und Papua Neuguinea. Sie engagierte sich für die Verbreitung der Literatur der Südsee in Deutschland durch Herausgabe und Übersetzungen polynesischer Poeten und Schriftsteller, sowie durch Vorträge und Lesungen.

Neben ihrer Lehrtätigkeit am Göttinger Institut für Völkerkunde wirkte sie als freie Mitarbeiterin und Autorin beim Westdeutschen Rundfunk. Sie veröffentlichte Beiträge in Publikationen wie den Frankfurter Heften, in Anthropos – Internationale Zeitschrift für Völker- und Sprachenkunde, Wien (1906), sowie Lyrik in ‚Alternative' (Berlin); ‚Kürbiskern' (München) oder L'80' (Berlin).

Im Fischer Taschenbuchverlag erschienen „Nachbarn in der Südsee – Reiseberichte über Inseln im Pazifik" (1986); Begegnung mit Vietnam – Geschichte einer Reise" (1987) und „Wo der Tag beginnt, enden die Träume – Begegnungen in der Südsee, Ethnologische und Literarische Entdeckungsreisen" (1998).

Renate von Gizycki lebt in Kassel.
Sie ist verheiratet mit Horst von Gizycki (1930-2009), Professor für Psychologie der Kunst an der Universität Kassel.

Einleitung

Man steigt nicht wieder in den gleichen Fluss. Veränderungen um uns herum sind überall spürbar; beständig geblieben aber ist unsere Liebe zu Dalmatien – ein halbes Jahrhundert lang.

In Cavtat, der Citta vecchia, dieser alten Stadt, auf einer halben Insel, am südlichsten Rande Dalmatiens gelegen, verbringen wir nun seit ein paar Jahren unsere Ferien. Und wir blicken zurück.

Unser altes Jugoslawien gibt es nicht mehr. Das neue Ferienland Kroatien will noch erobert werden. Dalmatien aber, mit seinen vielen Inseln, hat uns lebenslänglich eingefangen. Als Studenten kamen wir in dieses Land und entdeckten eine neue Welt. Wir begegneten Menschen, deren Lebensart uns anfangs fremd war, dann faszinierte, und die uns gastfreundlich bei sich aufnahmen. Wir haben Freunde gewonnen; und wir sind mit einigen von ihnen bis heute verbunden geblieben.

Jeden Sommer – mit wenigen Ausnahmen – haben wir seit unserer ersten Erkundung auf diesen Inseln verbracht; wir haben miterlebt, wie sich das Land um uns herum verändert, entwickelt, selbst zerstört und wieder besonnen hat. Aufzeichnungen aus meinem Tagebuch berichten davon.

Es begann mit Titos Versuch, Jugoslawien nach dem Ende des zweiten Weltkriegs als ein eigenständiges Land der Dritten Welt aus dem Kalten Krieg herauszuhalten; es sollte ein Modell sein für die Unabhängigkeit kleiner Völker in aller Welt. Mit der Arbeiterselbstverwaltung in den Betrieben sollte eine neue Form der sozialistischen Gesellschaft entstehen. Wir waren beeindruckt. Die Öffnung des Landes für den westlichen Tourismus in den sechziger Jahren brachte dann Veränderungen mit sich, die besonders an den Küsten des Landes eine zwiespältige Entwicklung in Gang setzten. Wir begriffen allmählich, wie schwierig es für viele Inselbewohner wurde, einen eigenen Weg in die große Welt zu finden. Für kurze oder auch längere Zeit gingen viele von ihnen als Gastarbeiter nach Deutschland, manche jungen Leute mit einem Stipendium zum Studium in das westliche Ausland oder – wie unser Freund Miro – auch in die USA. Sehnsucht nach der Inselheimat immer im Gepäck.

Jetzt wohnen wir in einem großen kroatischen Hotel. Vorbei die Studentenjahre, in denen wir in privaten Quartieren die Gäste einer Familie waren, vorbei die Zeit unserer Übernachtungen im Boot oder in kleinen improvisierten Unterkünften. Geschichten und Anekdoten in diesem Buch erzählen von Erfahrungen und Begegnungen in jenen Jahren, Erfahrungen mit der Schönheit der Insellandsschaft, der Gastfreundlichkeit der Menschen, aber auch dem Schrecken der Zerstörungen in Dubrovnik. Sie geben nicht zuletzt Zeugnis von einer lebenslangen Freundschaft mit Miro und seiner Familie

Oft haben Freunde uns gefragt, warum wir jedes Jahr wieder auf die gleiche Insel gereist sind, immer wieder nach Dalmatien.

Es ist nicht schwer, eine Antwort zu geben: die Schönheit der Landschaft, das Meer, das wunderbare Klima; im Laufe der Zeit kamen neue Freunde dort dazu. Das Inseldasein wurde uns vertraut. Wir fühlten uns wohl und drangen immer tiefer ein in die Besonderheiten unserer Lieblingsbuchten, Orte und Inseln; uns gefiel die Lebensart der Menschen; natürlich gab es auch manche Enttäuschung – es war wie in einer alten Ehe, auch die „Gewohnheiten des Herzens" spielten sicher eine Rolle dabei.

Wenn ich heute, nach meiner Reise um die Welt und nach Forschungsaufenthalten auf den Inseln der Südsee, in meinen Tagebüchern blättere, dann fällt mir auf, wie viel ich in den letzten drei, vier Jahrzehnten über meine Zeit in Dalmatien geschrieben habe.

Und ich wundere mich im Rückblick, wie sehr es mir offenbar wichtig war Beobachtungen und Begegnungen für mich festzuhalten, mich der Erfahrungen zu vergewissern, die mich erfreut und beeindruckt hatten. Es waren ja ganz persönliche Aufzeichnungen, keine Notizen für Forschungsberichte. Die Lust am Schreiben blieb offenbar auch nach einem Tag in Sonne und Wasser oder unterwegs mit dem Boot lebendig. Später, mehr und mehr heimisch geworden in der Region und im Austausch mit unseren Freunden, entwickelte sich dann, ganz selbstverständlich, eine Anteilnahme an den Problemen unserer Gastgeber.

Als Ethnologin war mein Blick natürlich nicht unbeeinflusst von meinen Studien am Göttinger Völkerkunde Institut, und aus heutiger Sicht ist mir klar, wie wichtig meine dalmatinischen Inselaufenthalte für meine späteren Forschungsreisen im Pazifik waren: als erste Orientierung und Begegnung mit einer fremden Kultur.

Meine allererste Bootsreise – so schrieb ich in meinem Buch über Tonga[1] – führte mich damals auf eine kaum dem Namen nach bekannte Insel in der Adria, die weder an irgendeine Schiffsverbindung, noch an Elektrizität oder gar Telefon angeschlossen war. Ein Transistorradio, Mehl, Salz, Petroleum für die Lampen und ein starkes Boot mit Dieselmotor, sehr viel mehr brauchte man dort nicht, um im 20. Jahrhundert zu überleben. Alles andere konnte die Fischer- und Bauernfamilie selbst erwirtschaften, und es gab nicht nur Fisch und Tomaten, sondern auch Honig und Wein. In den drei Wochen meines Aufenthalts in Sćedro habe ich meine wahre Initiation in eine fremde Welt erlebt, die in dieser Intensität unwiederholbar war.

Je länger und häufiger wir beide – Horst, mein Mann, und ich – uns in Dalmatien aufhielten, um so weniger konnten wir uns abschließen von den sozialen und politischen Verhältnissen im Lande. Wir nahmen Teil an kulturellen Tagungen und an der philosophischen Sommerschule von Korčula.

Zu Beginn der neunziger Jahre, aber auch schon früher, zeichnete sich dann die Katastrophe ab, die der Zerfall Jugoslawiens schließlich auch für Dalmatien bedeuten würde, eine Küstenregion, die uns immer weltoffen und friedliebend begegnet ist. Unser Besuch in Dubrovnik, ein Freundschaftsbesuch kurz nach der Bombardierung der Stadt, hat unsere Liebe zu dieser Region kritisch erneuert und vertieft.

Meine Aufzeichnungen und Erinnerungen an Dalmatien sind auch eine Aufforderung an alle, die mit diesem Lande als Freunde, Besucher oder Reisende verbunden waren, ihre eigenen Erinnerungen wieder aufleben zu lassen, sie nicht durch das schreckliche Kriegsgeschehen auf dem Balkan zu verdrängen; sie sind von daher nicht nur persönlich zu verstehen.

Der Name „Dalmatia" bezieht sich auf die gesamte adriatische Küstenregion und die vorgelagerten Inseln; er wird zum ersten Mal im 1. Jahrhundert v. Chr. genannt, ersetzt dann immer häufiger den älteren Namen „Illyricum" und wird auf den bekanntesten kriegerischen Stamm jener Zeit, die „Dalmaten" zurückgeführt.

Die Geschichte und Kultur Dalmatiens, die mit den Steinzeithöhlen in Hvar beginnt, über griechische Kolonien, römische, byzantinische und venezianische Herrschaft und kulturelle Beeinflussung bis zum kroatischen

---

1 Wo der Tag beginnt, enden die Träume – Begegnungen in der Südsee. Ethnologische und literarische Entdeckungsreisen, Fischer-Taschenbuch, Frankfurt 1998

Königtum im Mittelalter reicht, mit historisch so bedeutenden Städten wie das im Diokletianpalast gegründete Split oder die freie Republik Dubrovnik, ist in vielen historischen Studien bearbeitet und beschrieben worden. Die Wirren der neueren Geschichte füllen Bände; sie sind nicht Gegenstand meines Buchs, wohl aber im Hintergrund anwesend[2].

---

2   Eine noch immer brauchbare und fundierte Einführung zu diesem Thema findet sich in dem „Reiseführer Dalmatien" von Dmitar Culić, das 1987 in Zagreb vom Verlag Niro „Privredni Vjesnik" herausgegeben wurde.

Dalmatien und die Südsee

Noch vor meiner ersten Reise nach Hawai'i 1975, noch ehe ich 1977 zu meinem ersten Forschungsaufenthalt in Tonga, im Südpazifik, aufgebrochen war, habe ich mir die Südsee an manchen Tagen nach dem Muster unserer Erfahrungen auf den dalmatinischen Inseln vorgestellt. Aus Beschreibungen, aus Illustrationen, alten Kupferstichen in Büchern, schließlich aus Filmen hatten sich in meiner Phantasie Bilder entwickelt, die sich hier immer wieder durch Anschauung belebten: die Sonnenuntergänge zwischen dunklen Inselsilhouetten, die Palmen am Hafen, die Bootsfahrten auf einem stillen Meer bestärkten mich in meinem Wunsch, die in der Literatur beschriebenen See- und Inselwelten selbst aufzusuchen.

Ich weiß nicht mehr, ob es am Anfang diese Sehnsucht war, die mich die Südsee, oder wie es heute richtiger heißt: Ozeanien, als regionalen Schwerpunkt meiner ethnologischen Studien wählen ließ. Oder ob es, andersherum, die polynesischen Dichter waren, die mein Interesse an diesen Inseln weckten; (vielleicht gleicht dies der Frage nach dem berühmten Ei und der Henne). Sicher bin ich mir aber, dass ich schon bei meiner ersten Entdeckungsreise nach Sčedro diese für mich so wichtige Beziehung zwischen den antipodischen Welten empfunden habe.

In meinen beiden Büchern über meine Forschungsreisen in die Südsee finden sich immer wieder Bezüge auf meine dalmatinischen Beobachtungen und Erfahrungen. So schrieb ich zum Beispiel im Januar 1978 in mein Tagebuch über Neiafu, Vava'u in Tonga – mit Blick auf den Port of Refuge: „Abendspaziergang am Hafen, sehen, ob das Paradies irgendeinen Hintereingang hat. Oder stehen dort nicht schon wieder die Mormonen auf Wache, mit Schlips und Kragen und strengen Gesichtern? Ihre drahtumzäunten sauberen Basketballplätze, der grüne Rasen auf ihren Sitzen des Herrn, wirkliche Herrensitze, vergleichsweise, in diesem armen, reichen Land. Im Abendsonnenschein eines warmen Sommertags mitten im Winter leuchten die Palmen und Pflanzungen lichtgrün.

Ich sitze im Schatten eines Mangobaums und schaue auf den berühmten Südseehafen, der mich allerdings doch – mit Respekt – an den Hafen von Hvar denken lässt, wie er abends, vom Berg aus gesehen im Meer liegt, umgeben von der kleinen weißen Stadt und mit seinen schwarzen Teufelsinseln – verwandt und doch so anders; irgend etwas fehlt mir hier. Sind es die Plätze, Gassen, steinernen Stufen meiner dalmatinischen Lieblingsinsel? Dass man immer wieder in der Erinnerung Vergleiche zieht – jetzt bin ich doch in der Südsee."

Wie habe ich nun, umgekehrt, nach meinen Forschungsaufenthalten im Pazifik und nach der Reise um die Welt 1979 Dalmatien erlebt? Habe ich neue Entdeckungen gemacht? Unterschiede und Gemeinsamkeiten gefunden?

Die Unterschiede waren mir wohl zum ersten Mal bewusst geworden, als ich in Vava'u die venezianische Architektur der kleinen Stadt vermisste. Die urbane Lebendigkeit der Piazza. Die Vertrautheit mit der Kultur des Mittelmeers, die dann allerdings wieder in der eindrucksvollen katholischen Kirche der kleinen Hafenstadt in der Südsee in Erinnerung gerufen wurde. Für die üppige exotische Vegetation mit immer blühenden Büschen und mit ihren Kokospalmen habe ich in Dalmatien wiederum nur wenige Entsprechungen gefunden. Die Natur macht es den Menschen hier nicht so leicht, ihre Gärten zu bebauen; die Erde ist steinig und hart. Aber der natürliche Zauber der Südseeinsel wird wettgemacht durch das Wissen um die alten Traditionen der dalmatinischen Küste. So bin ich hin- und hergerissen in meiner Liebe zu beiden Insellandschaften.

Das Haus

Als wir auf unserer ersten Reise langsam mit dem Schiff auf den Hafen von Hvar zusteuerten, näherte sich uns die alte Stadt: die Palmen am Kai wuchsen vor unseren Augen, die Festung, Mauern, Gassen, Häuser rund um die Kathedrale formierten sich zum Traumbild: Inbegriff einer südlichen Stadt am Meer; vom Bug aus beobachteten wir wie sie sich in die umgebenden Buchten und Pinienhaine ausdehnte und entdeckten schließlich auf einer Landzunge das Haus.

Unser Haus! – so beschloss es Horst noch an Bord des Schiffes. Das war im August 1961.

Dann die Enttäuschung: natürlich war ein solcher Ort schon total besetzt. Die Italiener mit ihren großen Familien hatten hier Gewohnheitsrechte. In Hotels und Zimmern nicht ein Bett frei! Wir waren zwar jung, als Studenten nicht anspruchsvoll, aber ich war noch immer nicht gesund genug, um im Freien zu schlafen. So gingen wir, Horst und ich, von Haus zu Haus. Immerhin, wir waren verwegen genug, auf der Suche nach einem Bett, wenigstens für die Kranke, dort zu beginnen, wo wir vom Schiff aus das Haus unserer Träume gesichtet hatten. Und das Glück hatte, so schien es, doch gerade auf uns gewartet! Es hat einen Namen – „Vila Aranjos". Und es hat Geschichte. Es wurde von reichen Bürgern noch zu kakanischen Zeiten erbaut und zeugt vom Geschmack und Status des Bauherrn. Das Haus am Meer ist aus hellem Kalkstein solide gebaut, sechzig Stufen führen zur Mole; es liegt im Schatten alter Pinien; seine grünen Jalousien und gemeißelten Balkone erlauben es seinen Bewohnern sich nach eigenen Wünschen mit der Sonne zu verständigen. Es ist nie zu heiß in den hohen Räumen; und im Winter wurden sie sowieso nicht gebraucht. Es war eben die Sommerresidenz reicher Bürger aus Zagreb.

Als Tito an die Macht kam machte er kurzen Prozess: Besitzungen von der Art dieser Villa wurden umstandslos enteignet und zu Kinder- und Ferienheimen umgewandelt; einige wurden in Wohnungen unterteilt und verdienten Partisanen zugewiesen. Andere kamen rasch den neuen Herren zugute. Die Partei übernahm in allen Lebensbereichen, also auch hier, die Regie. Wer immer an diesem Küstenstrich an der Macht war, hatte ein Auge auf diese herrschaftlichen Feriensitze oder begann sogleich, sich Grundstücke für solche Villen zu organisieren. Die ältesten Zeugnisse dafür, Reste wunderschöner farbiger Mosaiken, finden wir auf den vorgelagerten Teufelsinseln, wo sich bereits die Funktionäre des römischen Kaisers Diokletian ihre Villen errichtet hatten. Tito folgte diesem Modell. Seine Villa, umgeben von einem großen ummauerten Garten, liegt an einer einsamen Bucht mit gemauertem Kai.

Unsere Gastgeber, eine Fischer- und Bauernfamilie aus Jelsa, bewohnten das Erdgeschoss und die Kellerräume dieses Hauses. Nach Kriegsende fand die junge Familie, Nikola, Vesna und die beiden Jungen, Miro und Zdravko, hier endlich eine Bleibe. Es gab nur Wasser aus der Zisterne und aus dem Meer, aber immerhin Strom. Die Wohn- und die Sommerküche, Terrasse und Garten waren der Mittelpunkt des bescheidenen Lebens der jungen Familie; es orientierte sich in allem eher am dalmatinischen Dorf als am bürgerlichen Status seiner enteigneten Erbauer. Die Wohnungsnot jener Jahre zwang die Menschen – wie bei uns nach dem Krieg – zusammenzurücken; im Obergeschoss wurde noch eine andere Familie untergebracht.

Mit dem Beginn des Tourismus und nachdem sich der Alltag auf der Insel allmählich zu normalisieren begann, war die Versuchung groß, das bescheidene Einkommen als Fischer, Lehrer, kleiner Beamter oder Weinbauer durch die Vermietung von Gästezimmern aufzubessern. In den sechziger Jahren hatte wohl schon beinahe jede Familie „ihren Gast", oft einen Stammgast aus Deutschland oder Italien. Die eigenen Schlafräume wurden dafür hergerichtet und als „Private Zimmer" angeboten. Auch „unsere Familie" war unter die „Gastgeber" gegangen, wobei es meist die Frauen waren, die die Initiative dazu ergriffen; oft dauerte es eine Weile, bis sich der Hausherr damit abgefunden hatte – so auch bei uns. Und es war ja wohl auch für einen ehemaligen Tito-Partisan gewöhnungsbedürftig, nun ausgerechnet Deutsche in seinem Heim zu bewirten.

In den ersten Jahren wurde das Haus für uns zur zweiten Heimat und zum Stützpunkt für unsere Entdeckungsreisen zu anderen dalmatinischen Inseln; dort trafen wir überall auf Freunde und Verwandte „unserer Familie", und es entstand eine Art dalmatinisches Clan-Netzwerk. Mit kleinen Bootsfahrten auf die gegenüberliegenden Inselchen, die Pakleni otoci, erprobten wir unsere Seetüchtigkeit. Als Stadtkinder und Landratten waren wir natürlich hoch motiviert, uns gegenüber unseren neuen Freunden nicht durch allzu ängstliche Vorsorge bloßzustellen; unsere Entdeckerfreude verführte uns anfangs daher so manches Mal zu Exkursionen, über die unsere Familie nur den Kopf schütteln konnte.

So geschah es zum Beispiel, dass wir bei einer Ausfahrt Wind und Strömung derart unterschätzt hatten, dass unser kleines Boot mit dem Drei-PS-Evinrude Motor schon beinahe wieder rückwärts fuhr, und wir es in einer abgelegenen ruhigen Bucht bis zum nächsten Morgen verankern mussten, um mit einem langen Fußmarsch über den Inselberg unseren Heimathafen wieder sicher zu erreichen.

Mit dem Fischen erging es uns nicht anders; die ersten Exkursionen mit unsrem Freund Miro zeigten uns, dass es beim Fischen nicht mit Harpune oder Angel getan sei. Seine Kenntnisse und sein Können, sein jagdgerechter Umgang mit den großen Fischen, belehrten uns, dass wir es besser ihm überlassen sollten, die Abendmahlzeit für die Familie zu erbeuten. Zu meiner Erleichterung und zu meiner Freude, wie ich heute gerne bekenne. Wir schwammen gewissermaßen im Kielstrom der Flossen unseres Freundes, und erlebten eine nie vorher gesehene Flora und Fauna am sandigen Grund des Meeres und in den Nischen der Felsen, wobei uns manches Mal der Unterschied zwischen Tier und Pflanze verborgen blieb: was ist denn nun eine Seegurke, eine Wasseranemone, eine Steckmuschel?

Zehn Jahre später glaubten wir ausreichend mit dem Leben auf diesen Inseln nahe Hvar vertraut zu sein, um uns auf größere Bootsfahrten zu wagen. Wir überließen unser kleines Dreimeterboot mit Außenbordmotor dem Haus und fanden heraus, dass es auf der Nachbarinsel Korčula eine traditionsreiche Bootswerft gab, die genau den Typ Boot produzierte, der für diese Küstenregion ideal geeignet ist: auf Pump erwarben wir unser Wanderboot in Vela Luka, ein Sechsmeterboot mit Dieselmotor (Volvo-Penta) und Segelausrüstung.

Die dafür nötige Lizenz, also das „Kapitänspatent", mussten wir allerdings bei der Kapitanija in Dubrovnik erwerben, und so führte uns die allererste Fahrt mit diesem neuen Schiff dorthin, lediglich ausgestattet mit einem Empfehlungsschreiben der Werft. Unsere sichere Ankunft nach einer manchmal recht abenteuerlichen Fahrt entlang der dalmatinischen Küste im Hafen von Gruž bei Dubrovnik wurde dann ganz selbstverständlich als praktischer Teil der Prüfung anerkannt. Horst ist jetzt sogar mit diesem Patent befugt, „18 Personen (osoba) in einem Boot" zu befördern. Was die Kenntnis der Winde anbelangte, so hatten wir ja inzwischen genug einschlägige Erfahrungen gesammelt.

Split – Diokletianpalast

Das Theaterhafte der Architektur fasziniert mich immer wieder, mitten in den Ruinen des Diokletianpalastes, auf roten oder blauen Plastikstühlen sitzend, kann man die merkwürdigsten Auftritte beobachten: einen bärtigen Piraten, einen jungen Mann mit grauen Stoppeln auf fahlen Wangen, Wiedergänger, Gruftaffen, Grabentstiegene. Die Selbstinszenierung der Einzelgänger: eine junge Frau, schwarzhaarig, schwarzäugig, schwarzgeschürzt bis zum schönen Knie, eine lustige Witwe, der die tausendfach von Schritten polierten Steinstufen des Palastes zu Füßen liegen; dazu die unermüdlich besichtigenden verschwitzten Touristen, die den Chor abgeben ...

Maria, im dottergelben Gewand, nicht mehr ganz jung, eine vollbusige Mittvierzigerin, eine Callas zwischen den Tempelruinen. Sie kauert nieder zwischen den gestürzten Säulen, den Marmorstümpfen im Innenhof des Diokletianpalastes: „Ich kann sie euch alles erklären"; deklamiert sie, deutet auf eine Gruppe aus Stein und Holz, die an die Giebelwand gelehnt ist, gekreuzigte Männer. Barabas unter ihnen!? Dreieinigkeit?

Die anderen, zerlumpte Alte und eingeschüchterte Kinder, die sich an ihre Mutter drängen, ängstlich, sehen zu ihr hin. Die Sängerin erhebt sich, breitet ihre Arme aus, steht da, weich fließend, dottergelb und mit klagender Stimme bekennt sie, dass sie nicht wisse, was sie von der Erlösung gehört habe, aber sie habe davon gehört. Und in einem lang anhaltenden Rezitativ beschwört sie alle, ihr doch zu glauben! „Wir wissen so wenig, erzähl uns doch mehr darüber! Wir knien hier schon lange und beten und wissen nicht zu wem!"

Säulen, makellos kannelierte Marmorsäulen mit üppigen Kapitellen, auf denen jedes Dach hätte ruhen können, standen dabei und stützten die blaue Luft ...

Kathedrale, Kirche, Tempel, Theater – wir begegnen fast zwei Jahrtausenden an diesem Ort. Die kaiserlichen Gemächer an der Wasserfront haben sich in eine quirlige Stadt verwandelt; das Volk hatte einst in ihnen Zuflucht gefunden, als die Awaren und Slawen Anfang des 7. Jahrhunderts bis zur adriatischen Küste vordrangen und 614 das römische Salona, sowie andere Städte an der Küste zerstörten. Die Bewohner flüchteten in die Berge und auf die Inseln, aus Salona aber vor allem in den benachbarten, befestigten Kaiserpalast. Noch im kroatischen Mittelalter, ja bis heute, haben sich die Spuren römischer Kultur erhalten. In der Entwicklung der Stadt Split finden wir das typische Muster dalmatinischer Geschichte: die gegenseitige Durchdringung verschiedener ethnischer und kultureller Einflüsse, die in Verbindung mit der begünstigten Lage am Mittelmeer den weltoffenen Charakter dieser Region prägen.

Split, wo sich der Städter heute mitten im Diokletianpalast zu Hause fühlt: so jedenfalls erscheint es dem Besucher, der sich durch die engen, schattigen Gassen der Altstadt seinen Weg bahnt, vorbei an den Buch- oder Fleischläden, Bäckereien und Cafés, auf der Suche nach der nächsten Sehenswürdigkeit oder dem besten Fischrestaurant.

Oder dem Fischmarkt, der beides vereint.

Tomislav, ein einarmiger Riese, der alle um Hauptes Länge überragt, und der als Leiter für den Fischmarkt verantwortlich ist, begrüßt uns als Freunde unseres Freundes Miro. Er ist der älteste Bruder der Mutter, also sein Onkel, und das bedeutet, dass er sich ganz selbstverständlich, auch mitten im Trubel, Zeit für uns nimmt. Er erklärt uns, wie so ein Markt funktioniert: Im Sozialismus, für den er als Partisan gekämpft hat, nämlich – nicht anders als überall am Mittelmeer – nach den Gesetzen des Fischfangs.

Der Geruch, nein, der Gestank ist überwältigend. Die Halle ein zwiespältiger Anblick. Der Reichtum des Meeres, frühmorgens schon angelandet, liegt ausgebreitet auf Eis und glänzt auf den Tischen aus Stein: wunderschöne fremde Geschöpfe, die großen Thunfischen gleichen; der feuerrote Drachenkopf, bläuliche Tintenfische, Fische, die uns vertraut sind; und natürlich Makrelen, Meeräschen, Barben, Sardinen ...

Viele haben wir schon beim Tauchen unter Wasser gesehen, schnell und lebendig, andere wiederum genüsslich verspeist oder auch im Freundeskreis rituell zerlegt genossen. (So widersprüchlich sind unsere Empfindungen nicht nur an diesem Ort.)

Rückblick: Als wir 1961 zum ersten Mal als Studenten nach Split kamen, ich weiß nicht mehr ob wir 20 oder 30 Stunden mit der Bahn unterwegs waren, wussten wir nicht, wohin uns diese Reise noch führen sollte. Der Zug hielt am frühen Morgen auf offenen Gleisen, ohne erkennbaren Bahnhof, nahe dem Hafen. Es war noch nicht sehr heiß, und ich war froh, wieder auf festem Boden zu stehen. Horst hatte alle Mühe, mich auf den Beinen zu halten und schleppte die Kranke in ein naheliegendes Café, das aber noch nicht geöffnet hatte.

Auf einem schwarzweiß gekachelten kühlen Boden liegend, erinnere ich mich nur, dass er verzweifelt versuchte, etwas Trinkbares, ein Glas Wasser zu besorgen. Auf irgend eine Weise sind wir dann doch noch am gleichen Vormittag an Bord eines Schiffes gekommen, das Richtung Süden fahren sollte. Ich erinnere mich, wie ich am Heck des Schiffes, an der Reeling, mehr hängend als stehend, wieder zu schauen begann: die kahlen, feindseligen Berge blieben zurück, das große Meer öffnete seine Arme, eine leichte Brise weitete meine Brust. Allmählich kam mir zum Bewusstsein, wo wir uns befanden.

Die Fahrt mit der Eisenbahn zwischen München und dem Tauerntunnel war für mich zu einer Höllenfahrt geworden. Beim Anblick der in der Abendsonne leuchtend roten Tauern überkam mich plötzlich eine Wahnvorstellung, eine schreckliche Vision: wie rohe, rote Haufen aus Fleisch erschienen mir die Berge. Und die metallisch sirrenden Geräusche der alten Waggons wollten nicht aufhören, dröhnten als Dauerton in meinen Ohren und mündeten in einem Panikanfall. Der Zug war nicht anzuhalten, die Berge nicht auszulöschen; ich lag bei zugezogenen Gardinen auf dem Boden des Abteils und weiß nicht mehr, wie ich die Stunden bis Split überstehen konnte.

Was war geschehen? Es muss eine regelrechte toxische Psychose gewesen sein. Wie wir uns hinterher klarmachten. Nach einer schmerzhaften Zahngeschichte, die als Trigeminusneuralgie fehldiagnostiziert und falsch mit Drogen behandelt worden war, könnte es sich auch um einen Medikamentenschock gehandelt haben. Aber ehe ich dann auf der Insel einen Arzt befragen konnte war der Spuk vorbei: in der frischen Seeluft und mit dem Abstand vom Festland und kamen die Lebensgeister zurück, und so empfand ich bei meiner Ankunft auf der Insel Hvar: dies ist *meine Rettungsinsel!*

Rettungsinsel

Aus dem Tagebuch – September 1961 – erste Eindrücke: Kirchenglocken, Transistormusik, Motorengeräusche der Boote; nicht einmal die vier Berge im Rücken oder der Tomatenkarton im spiegelglatten, glasklaren Wasser können diesem Gefühl etwas anhaben: Die Erde hat mich wieder.

Nach dieser Reise durch Abgrund und Unterwelt, von Dämonen gejagt bis an den Rand des Wahnsinns: ich will diesen schrecklichen Tonfall der Berge, diesen Schock vor dem Tauern-Tunnel nicht noch einmal beschwören, nicht alle Untiefen nachzeichnen, nachdem ich wieder Grund unter den Füßen spüre, warmen steinigen Grund, nachdem ich mich wieder am Leben freuen kann. (Ich muss mir gut zureden, hier etwas aufzuschreiben, etwas zu lesen, habe in den letzten Tagen ein bisschen in Cocteau geblättert, kreuz und quer, ohne System. Ob ich je wieder schreiben kann ...? Mir fehlt die Schreibmaschine.)

Nachrichten vom Tag – Aus allen Lautsprechern hört man Reportagen, aufgeregt, unverständlich, stolz im Ton. Im Hintergrund manchmal ein paar englische Laute. Nerus Begrüßung?! Große Politik und Weltgeschichte. Wir für ein paar Wochen auf dem Abstellgleis. Es heißt, wir hätten heute den 2. September. Beginn der Konferenz in Belgrad. Heute morgen war ich doch ein bisschen unruhig, dachte, es sei vielleicht Krieg ausgebrochen. Berlin!?

Aber hier ist Frieden, Ruhe – man hat nicht das Gefühl, auf einem Vulkan zu leben.

Viel aktueller: Zwischen Leuchtturm und Küste wurde heute Nacht ein Hai gesichtet – so erzählt Miro.

Entdeckungsfahrt – die Wellenschatten auf dem sonnigen Meeresgrund, Muschelfauna, Pilzgewächse, graues Wassergras, das sich leise in der Strömung wiegt. Der tote Oktopus bläht sich langsam auf; weißer Schaum, Schleim. Seesterne, Fische. Schleierfische – Geschöpfe aus *Tausend-und-eine-Nacht*. Oder wie von Klee gemalt, unwirklich; ich will versuchen, sie neu entstehen zu lassen. Heute sind alle diese Bilder noch zu selbstherrlich, entziehen sich dem Wort! Unterwasserwelt: Reich und Gefängnis der kleinen Seejungfrau. Wie sehr muss ihr – wenn sie die jungen dalmatinischen Fischer beobachtete – das Meer hier an dieser Küste als Gefängnis vorgekommen sein. (Ich musste an Ingeborg Bachmanns *Undine* denken.)

Beim Abendessen erzählt uns eine ältere Dame aus Zagreb was sie von den Dalmatinern hält. Viel gepriesen und geschmäht: ihre Schönheit, ihre Lässigkeit, Faulheit, Unzuverlässigkeit, und Würde. „Jedes Zagreber Mädchen hat ihre *Dalmatiner Liebe,* die es nie vergisst." Als Ehemänner aber müsse man vor ihnen warnen, seien sie unmöglich. Oder aber – selten – einmalig! Die Frauen jedoch müssten zu hart arbeiten, seien früh verbraucht.

Ich sehe sie abends, wenn sie auf dem Markt Wasser aus dem alten venezianischen Brunnen pumpen und die schweren Eimer und Krüge auf dem Kopf tragen; oftmals ohne ihre Hände zu Hilfe zu nehmen; sie steigen hoch aufgerichtet die schmalen steilen Gassen hinauf.

Ich sehe sie am Berg in den kleinen steinigen Terrassenfeldern arbeiten; abends kommen sie zurück auf staubigen, schwer mit Reisig, Flaschen und Körben beladenen Maultieren über die harten gewundenen, kaum erkennbaren Bergpfade.

Oder in schwerfälligen Fischerkähnen zusammen mit ihren Männern. Am Hafen laden sie aus: Säcke, Schüsseln, Bottiche, Krüge, Bündel – ohne Ende. Die Männer hantieren mit Seilen und Segeln, Netzen, Haken und Schnüren, Anker und Masten, Ruder und Reusen, die seitlich am Boot befestigt sind, im Wasser hängen, mit Fischen und Ködern; und plötzlich holen sie aus einer Luke einen Hummer, eine Languste mit zitternden Antennen – und werfen sie über Bord: zu klein!

Der Traum eines dalmatinischen Fischers: einen großen Zubatac fangen. Beim Fischen können sie alles vergessen, Weib und Kind: Fische, Fische, Fische – so erzählt es uns Miro. Und er lädt uns ein, gemeinsam mit seiner Familie am Wochenende zum Fischen zu fahren.

So beginnen wir, uns mit Fischen und Meer anzufreunden – und natürlich mit den Fischern ...

Sčédro

Entdeckungsreisen – Sčédro

Erkundung (1962)

Wir wussten nicht, dass es diese Insel gibt, hatten ihren Namen nie gehört; nun schlug uns Miro eine Reise dorthin vor, am Tag nach meinem Geburtstag.

Am Abend zuvor: Anfrage bei der Forstverwaltung. Der Ingenieur sagte Ja. Miro sucht im ganzen Ort den ersten Schiffsmann, in jedem Restaurant – es heißt, er spielt gern Karten – und findet ihn schließlich in seinem Bett. Gespräch mit Ljubo: er ist einverstanden, dass wir mitkommen. In verschiedenen Inselbuchten sollen Fässer und Tonnen mit Pinienharz abgeholt werden; es soll früh losgehen, schon vor fünf mit einem kleinen Segelfrachter (der aber meist nur mit Motor läuft), zwei Mann Besatzung und wir drei.

Aufbruch

Fliegende Fische in der Morgensonne vor unserem Bug – wer von dieser Fahrt erzählt, der hat selber manchmal das Gefühl, dass es Schiffer- oder Fischerlatein wird, so unwirklich klingt das alles: junger Bambus zwischen den Felsen am Ufer, die steil, an manchen Stellen über 700 Meter hoch sich zu Bergen auftürmen, zum Sveti Nikola; feurig rote Granatäpfel in den Bäumen; Gärten wie von Klee ausgedacht in den Tälern und Mulden des gewaltigen Bergmassivs, das sich über die ganze Insel erstreckt, bizarr in den Formen, eingegrenzt von Steinwällen und Mäuerchen, trockenem Gestrüpp; Kreisformen, Ovale, Vielecke, Labyrinthe, in denen der Wein reift, der Lavendel blüht, die gelbgrünen Feigen in den schattenspendenden, breitbuschigen Bäumen leuchten; Oliven, verdorrte Tomatenstauden, vereinzelte Palmen dazwischen: Eine paradiesische Landschaft, zeitlos, oft menschenleer.

Die Pinienwälder, frisch und grün nach dem Gewitterregen, sind eine Überraschung: ein Berghang erinnert plötzlich an den Harz, aber dann grenzt er unvermittelt ans Meer, in dem er sich nicht spiegeln kann, weil die Brandung an den flachen Steinen aufschäumt und ein breites weißes Band ihn trennt von der glatten seidenen Blaufläche des Wassers.

Dann verwandelt sich die Landschaft, wird japanisch, schwarz und weiß, zerfällt in Schatten und Licht. Ein nackter Berggipfel zeigt sich hinter dem Piniengrün, einzelne Stämme ragen heraus, auch rostrot vertrocknete tote Bäume; dazwischen manchmal das traurige Bild eines verbrannten Wäldchens, schwarz verkohlte, zerbogene Knüppel und Stangen auf aschenfarbenem Grund. Bilder von Soulage, aber mit surrealen Akzenten, für Minuten eine bedrückende Traumlandschaft: gepfählte Erde, mittelalterlich, eine gewaltige Hexenverbrennung.

Kurz darauf wieder silberne Helle im Wasser, im Himmel, der beinahe wolkenlos ist; nur auf den höchsten Gipfeln lagern Wölkchen, zarte Wattebäuschchen, regen sich nicht, als ob sie schliefen.

Von ferne die großen dunklen Inseln: Sčédro, Korčula, quer zur Fahrtrichtung, im Gegenlicht blauschwarz – Melanesien, Schwarzinselwelt, aber auch Feuerland und skandinavische Fjorde: Ich reise nicht nach Sčédro, ich mache eine Weltumsegelung mit Columbus, Vasco da Gama, Cook … Ein Blick zur Mastspitze: im Dreieck zwischen Mast und Takelage noch sichtbar die blasse Mondsichel, verfolgt am höchsten Punkt seiner Bahn von der immer heißer werdenden Sonne.

Backbord: ein winziger Punkt im Wassermeer verbreitet sich zu einem schmalen Streifen – die Eidechseninsel, Galapagos, unbewohnt, wie so viele der kleinen Inseln hier – bis auf das Kleingetier, so erzählt uns Miro, Eidechsen vor allem, die keine Scheu vor dem Menschen haben: sie laufen dir über die Hand, kommen dir zutraulich über die Brust gekrochen, sitzen dir auf der Schulter als wärst du ein Stein in der Sonne. Sie haben keine Feinde, kennen den Menschen nicht. Nicht die Furcht.

Grotten und Buchten, türkisgrün, da wo das Meer sanft ausschwingt zum Lande hin über rund geschliffene Kiesel, glasklar. Wenn du näher kommst, erkennst du jeden Stein auf dem Grund, die graue Mähne des Seegrases, das sich in der Dünung wiegt, die einzige Pflanze übrigens, die unter Wasser blüht, sich durch die Strömung befruchten lässt mit spermenförmigen Pollen. Du erkennst die Sandfläche, die breiten flachen Steinbänke, mit blasigen Löchern, Treppen , die ins Wasser führen.

Das Schiff

Aber zurück zum Beginn der Reise: kurz nach fünf waren wir an der Mole des Fischhafens verabredet, sehr zum Kummer von Horst, der nicht gern so früh aufsteht. Aber wir waren rechtzeitig wach. Wer die Zeit verschlief, war unser guter Miro, der uns eigentlich wecken wollte. So mussten wir ihn aufscheuchen. Verschlafen noch packten wir unsere Expeditionsausrüstung: Flossen, Brillen, Schnorchel, Masken, Pullover und Verpflegung – Brot und Wein, Trapistenkäse, Trauben.

Draußen noch alles im Halblicht, blaugraue, kühle Morgendämmerung, die Sonne noch hinter den Bergen. Auf dem Weg schon sehen wir das Schiff aus dem alten Hafen kommen, die große Bucht überqueren. Mit preußischer Pünktlichkeit ist diese improvisierte Verabredung gelungen. Die *Smolar,* ihr Name bedeutet Harz, legt an; dicke, altersgraue Hanfseile werden auf die Mole geworfen und um Steine geschlungen. Das Schiff ist alt, aus grobem Holz gefügt, vielleicht acht Meter lang, gelbgrau, wo die Farbe noch sichtbar ist; der unförmige Mast ein von Hand behauener grüngestrichener Baum im Zentrum, Ladebaum und Segeltakelage; das Segel, steifes, verwittertes, grobes Tuch, noch zusammengerollt; ein Gewirr von Seilen und Knoten, die dem Laien ganz willkürlich angeordnet erscheinen, die aber im Verlaufe der Fahrt ihre Funktion enthüllen, rot und grün die seitlich aufmontierten Laternen in einfachen Holzkästen.

Aufbauten wie es sich gehört: vorn, gleich hinter dem gedrungenen Bug die Einstiegsluken für die Schlafkabine, eine Hühnerleiter führt hinunter; Platz für zwei Betten, zerwühlte Decken, ein voller Aschenbecher, alte zerschlissene Männerhosen, Jacken, an einem Nagel; die Petroleumlampe, Körbe, Zeitungen in malerischer Unordnung, aber sauber; links neben der Luke ein hochgestelltes Rechteck mit Milchglasfenster und Riegel, wahrscheinlich die Toilette; dann der Laderaum, abgedeckt mit rostroten, abnehmbaren Brettern, eine grüne Waage wie für Kohlen oder Kartoffeln, Gewichte, bei denen es auf ein Gramm nicht anzukommen scheint, wie es überhaupt weniger um Präzision geht als um seetüchtige Robustheit.

Hinten am Heck schließlich der Motorraum, wie ein Unterstand mit zwei breiten niedrigen Fenstern, Gardinen an der Seite – also letzten Endes sehr friedlich. Darinnen der Steuermann, Motor und Kombüse – ein doppelflammiger Spirituskocher; Geschirr und Öllappen, Eimer, Geräte. Aber all das verschwindet fast hinter den Tonnen, die längs der niedrigen, grünen Reling überall da stehen, wo ein bisschen Platz geblieben ist. Zwölf leere Tonnen werden im alten Fischhafen noch polternd aufgeladen.

Die Besatzung

Ich habe natürlich schon wieder vorgegriffen, denn erst im Laufe der Fahrt strukturiert sich das unförmige Gebilde, das heute unser Schiff sein wird, für mich. Wichtiger sind doch zunächst die beiden Männer: Ljubo und Ante, die Besatzung. Ljubo ist Steuermann; wenige, aber freundliche Worte zur Begrüßung. Man macht keine Umstände, lädt auf und uns dann ein, aufs Boot zu kommen. Vorn auf dem Boot ist noch Platz: auf einem Haufen Segeltuch, auf zusammengerollten Seilen; sogar zwei Klappschemel sind da.

Wir tuckern los, vorbei am Haus, in dem wir wohnen, Richtung Leuchtturm, vorbei an den drei bekannteren Buchten vor Milna. Der Himmel, die See sind kühl, blaugrau, die Berge dunkle Silhouetten. Scharf abgesetzt, jede Zacke erkennbar, jeder einzeln stehende Baum. Noch sieht man den Mond hoch über der Mastspitze. Die Sonne muss nun jeden Augenblick über die Bergspitze kommen.

Ljubo und Ante frühstücken hinten am Heck: Ljubo, dunkelblondes Kraushaar, ein breites knolliges Gesicht, lachende blaue Augen, eine kurze fleischige Nase mit runden Nasenlöchern, Wetter- und Lachfalten auf der Stirn und um die kleinen Augen, windgebräunt, stoppelig ums Kinn, gesund und jung; er ist vielleicht Mitte dreißig, obwohl man ihn im ersten Moment für älter hält, weil sein Körper so breit und athletisch wirkt mit den kräftigen muskulösen Armen, dem kurzen Hals, die aus einem engen blauen Turnhemd herauskommen, das sich über dem Bauch kräftig spannt. Er steckt in unbeschreiblich geflickten verblichenen Hosen, so wie sie überall hier von den Fischern (und auch bei uns zur Arbeit) getragen werden.

Erwähnenswert die Füße: Natursohlen, wie aus gelbem Gummi, die Hornhaut breitgetreten, verkümmerte Fußnägel, eingewachsen oder vom Pilz entstellt, verklebt vom Harz und Öl des Schiffes, sicher keine Zierde seines Körpers, aber praktisch und standfest und ohne Rücksichtnahme benutzbare Gehwerkzeuge. Ich war oft erstaunt, auf Bildern und in Filmen junge grazile und feingliedrige Schwarze oder Polynesier zu sehen, mit Händen wie von Dürer gemalt und den Bewegungen von Katzen oder Gazellen, jedoch auf Füßen, die man eher bei einer breit gewordenen Waschfrau erwartet hätte. Ich suche noch vergeblich nach einem Bild, einem Vergleich, der diese körperlichen Einzelheiten und ihren Ausdruckswert zusammenfassen könnte in einem einzigen überzeugenden Satz. Überlegen, nachdenken! Es gibt in unserer alltäglichen Umwelt keine entsprechenden Typen.

Ante schon eher: das zerknitterte Jungengesicht erinnert an französische Schauspieler der *Nouvelle Vague,* in Szenen, in denen es hart und männlich, zugleich auch verspielt zugeht: Segelbootfahrten, auf denen man sadistische Scherze mit eifersüchtigen Freunden treibt; man wirft sie, nur mit einer Badehose bekleidet, in brütender stechender Mittagshitze mitten im Meer in ein hinterhergezogenes Rettungsboot, um sie stundenlang, bis zur Erschöpfung in der Sonne braten zu lassen, bis man sie – kurz vor dem Wahnsinn – herauszieht und mit fürchterlichen Brandwunden aufs Deck schmeißt, wo man sie dann schließlich mit zynischer Brüderlichkeit umsorgt. Belmondo oder Delon fallen mir ein bei seinem Anblick, vielleicht etwas fleischiger ausgestattet, weniger differenziert im Ausdruck, in den Gelenken.

Ante steht nicht mehr selbstverständlich in der Tradition hier, das zeigt schon seine Tracht: rote Badehose, darüber ein modisch kariertes Hemd; das zeigt seine flotte Art, die geschickt eingestreuten Redewendungen in allen Sprachen, idiomatische Fremdsprachenfetzen, elegant platziert, intelligent gehandhabt, ganz im Gegensatz zur heiteren Bedachtsamkeit Ljubos, die auch den verantwortungsbewussten Familienvater verrät. Unverkennbar die Quelle der Weisheit: deutsche, französische und andere Touristen, vornehmlich weiblichen Geschlechts. Aber sie zielen nicht auf mich, werden nicht allzu keck, wahren doch den Respekt, den eine Frau hier genießt, wenn sie mit eigenen männlichen Begleitern auftritt; (das ist noch anders als in Italien.) Seine muntere Art verdient manchen Dämpfer; er ist nicht immer bei der Sache; die Landemanöver gehen immer mal daneben, und Ljubo gibt ihm ohne viel Umstände die herausgeforderten Rüffel, ordnet kleine Strafarbeiten an. Das macht er dann auch, leise murrend, maulend – die Rollenverteilung wird nie in Frage gestellt, er ist nur zweiter Schiffsmann! Er rächt sich an den Fischen, sein Zorn verfliegt aber rasch wieder – ein winziger Fisch wird unter missbilligendem Gemurmel als zu klein ins Wasser zurückgeworfen. Ante ist neu auf dieser Routinefahrt; er trat an die Stelle eines alten Mannes, der diese Arbeit jahrelang zuverlässig und ruhig gemacht hatte, nimmt den Job nicht so ernst, weiß sicher, dass er Alternativen hat, dass er nicht abhängig ist.

Aufbruch, Schiff, Besatzung – treu und chronologisch erzählt wie in einem Schulheft; nur kein Detail verlieren, als käme es darauf an! Aber sonst schriebe ich wohl nicht an diesen sonnigen und faulen Tagen. Und es kommt darauf an – so falle ich mir selber ins Wort:

Im Rückblick – im April 1999 – bin ich froh darüber. So viele Einzelheiten, Namen, Erlebnisse verblassen, gehen unwiederbringlich verloren; heute, 36 Jahre später, mit den täglichen Meldungen über Vertreibung und Bomben in unmittelbarer Nachbarschaft dieser Idylle, erlebe ich diese Beschreibung als einen Zeitsprung in eine ferne glücklichere Vergangenheit, in der man gerade begonnen hatte, den fürchterlichen Krieg, der auch auf diesen Inseln tobte, wenn nicht zu vergessen, so doch wenigstens in die tiefsten Keller des Bewusstseins verbannt zu haben.

Annäherung

Die Sonne kommt langsam über den Berg; wenn ich zurückschaue, liegt der Leuchtturm schon im vollen Licht, die Berge über der Stadt werden plastisch und bekommen Farbe. Wie ein großes Feuer ist sie dann plötzlich über dem Berg, frisst sich in die Grate ein, steigt, steigt und gibt dem Massiv die Konturen zurück. Es muss gegen sechs Uhr sein. Noch eine, anderthalb Stunden bis zu unserer Trauminsel Sćedro. Hinter Milna dann neue, unbekannte Dörfer, Ansiedlungen hoch oben auf dem Berg, Sveta Nedjelja, Santa Domenica, rings um die Kirche Steinkuben aufeinander getürmt, dazwischen Pinien, Zypressen, Mauern, schmale Gassen, Pfade, auf denen da und dort ein Maultier sichtbar wird. Ein Pfad, der zum Hafen führt, einer natürlichen, von zyklopischen Felsbrocken gegen Flut und Stürme geschützten Bucht, vorbei an einem Hügel, einer kleinen Kapelle, dem Friedhof am Meer.

Es sind noch nicht – oder nicht mehr? – viele Menschen zu sehen; kaum ein Boot ist uns bisher begegnet. Steuerbord noch immer das offene Meer, eine zarte Linie der Horizont, unterbrochen nur von der flachen Eidechseninsel. Backbord nun Steilküste, Dover, die grauroten Felsen und plötzlich Grotten und Felsenhöhlen, die wie gewaltige Tempel aus dem Meer aufragen: Babylon, Assur, Theben – Wassertempel oder Kathedralenportale, schlanke, rotbraune Säulen aus vertikal aufgetürmten Gesteinsschichten, herausgewaschen in Jahrtausenden. In schmalen, dunklen Bahnen betritt das Meer den Berg, und man möchte mit hineinschwimmen in diese Zauberburg, dem tektonischen Geheimnis auf den Grund kommen – eine Stadt von Max Ernst entworfen.

Hier soll es herrliche Fische geben und die sichersten Verstecke für die Boote der italienischen Schmuggler; früher waren es Seeräuber. In den blasig verwitterten Stirnfronten des Felsens nisten die Vögel: Seeschwalben, ungezählte Schwärme, die wie ein locker geknüpfter, gewebter Schleier auffliegen und sich auflösen im immer strahlender werdenden Blau des Morgens. Die Luft riecht nach Meer, nach Fischen und dem Gewürz der Pinienwälder am Ufer. Sćedro in Sicht. Aus den unverbindlich allgemeinen blaugrauen Konturen wächst uns die Insel entgegen, enthüllt ihr Gesicht, ihre Formen und Farben.

Ankunft

Wir sprechen nicht viel; nur unsere Augen kommen nicht zur Ruhe, wie die Netze der Fischer in einem überreichen, schäumenden Schwarm Sardellen. Ljubo steuert hart auf die Insel zu. Es entstehen nun Buchten, einzelne Wäldchen, voneinander sorgsam durch Brandschneisen getrennt; kein Mensch, kein Haus ist zu sehen.

Hier also soll unsere Hütte stehen! Es gibt wohl nicht mehr sehr viele so unberührt paradiesische Stückchen Erde in unserem alten Europa.

Wir kommen in Pavos Bucht; sie ist tief eingeschnitten in den Leib der Insel, wind- und wettergeschützt, mit bis auf den steinigen Grund glasklarem, seidigem Wasser. An der tiefsten Stelle die Ansiedlung: so hat man sie sich wohl schon in romantischen Träumen vom einfachen Leben vorgestellt; locker gestreut und den natürlichen Gegebenheiten angepasst; die

Hütte mit den Ställen und Schuppen weißgekalkt mit tintenblau gestrichenen Läden oder aus gelblichem Stein ineinandergefügt, ein rotes Ziegeldach oder Holzplanken als Schutz gegen Sonne und Regen; dahinter die blauen Trauben in ummauerten Weingärten, Feigenbäume, Ölbäume; an der kleinen Mole die breiten behäbigen Boote, blau und gelb mit lateinischem Segel, dazwischen die Hühner, Schafe und Ziegen.

Am linken Ufer der Bucht die Klosterruine aus dem 13. Jahrhundert, die der Bucht den Namen gab: *Monastir*. Ein einfaches, im romanischen Stil errichtetes Benediktinerkloster; der Kirchturm steht noch, die Seitenmauern, ein halbes Tonnengewölbe – dazwischen wächst Kohl, Paradeiser, Kukuruz, Wein. Ein uralter Steinbrunnen mit einer Quelle. An diesem Ort könnte man vergessen, wie hart und erbarmungslos oft der Kampf der Natur mit dem Menschen ist; es scheint, als habe es hier die Schlange nie gegeben; aber doch trügt der Schein. Zwar ist diese Insel ein bevorzugtes Stückchen Erde, aber die Arbeit der Menschen hier hart genug.

„Dobro došli!" – als wir mit abgestelltem Motor auf die Mole zukommen, ruft Pavo schon sein Willkommen, und aus dem Schuppen kommt seine Frau, der Sohn von den Booten am Ufer. Die Seile fliegen an Land. Wir sind da. Zum ersten Mal auf unserer Insel! Kolumbus! Es wird nach wenigen herzlichen Worten gleich mit dem Aufladen begonnen; die harzverschmierten schwarzen Tonnen werden gewogen, unter lautem Palaver registriert, in Ljubos braunrotmeliertes Dienstbuch mit einem dicken Bleistift säuberlich eingeschrieben.

Wir gehen auf Landnahme, Stein- und Brunnensuche. Aus einer Wand des Klosters ließe sich leicht die ganze Hütte bauen; das Quellwasser ist dunkel und kühl. Mit Pavos Boot suchen wir „unsere Bucht": *Zakriz*, nur zehn Bootsminuten entfernt von Pavos Haus, ein spitzwinklig, dreieckiger Einschnitt, der in einen grottenähnlichen Einstieg mündet, links eine Gruppe herrlicher Pinien, rechts davon Niederholz, Erika, Rosmarin, Lavendel. Es gibt kein klareres Wasser über dem Stein- und Kieselgrund dieser Bucht. Miro erkundet die Fischgründe, wir schwimmen ihm nach, der Küste entlang. In einer Viertelstunde schießt er mit der Harpune fünf große Fische, mehr als pfundschwer, für das Mittagessen – Brodetto für die ganze Besatzung, Ljubo, Ante und Niko, den alten rundlichen Faun, den wir noch unterwegs an Bord genommen hatten, und uns drei.

Zurück in Monastir heißt man uns in der Küche der Hütte zum Essen zu kommen. Die Arbeit ist getan, die Rast verdient; wir sitzen um den kleinen, wachstuchbespannten Küchentisch, eng aneinander gerückt auf der selbstgezimmerten Bank, den Schemeln. Es riecht nach Schweiß, gebratenem Fisch und Zwiebeln, die Pavos Frau für den Salat zerschneidet. Ein großer Topf mit Fischen kommt auf den Tisch, winzige Sardinen mit Kopf und Schwanz in schwimmendem Öl gebacken, goldbraun und mit grobkörnigem Meersalz gewürzt. Jeder bekommt einen Plastikteller, eine Blechgabel, ein standfestes, dickwandiges Glas für den Wein, und wir langen kräftig zu; weißes Brot in Brocken, dazu Paprika, Tomaten und Zwiebeln angerichtet mit Essig und Öl, roter Wein aus den eigenen Gärten, vermischt mit Wasser.

Ringsum die lachenden laut schwatzenden Männer, gebräunte Gesichter, ein jeder ein Original aus Bildern von Bosch oder Murillo. Pavo – ein Mann mit Muskeln aus Eisen – das was man so einen „prächtigen Burschen" heißt –, schwarzbraun die Haut, Hände wie die Pranken eines Bären, mit lebhaften braunen Augen und Gesichtszügen, die einen gesunden Menschenverstand verraten. Er ist hier Herr im Haus und auf der Insel, autark auf seinem Anwesen, auf dem alles wächst, was ein Mensch zum Leben braucht.

Er ist der Gewährsmann der Forstverwaltung in Hvar, eine Art Beamter, aber eine Art von Beamten, wie sie mir bisher noch nicht begegnet ist, mit eigenem Kopf und mit weitreichenden Befugnissen; er kümmert sich um die Harzgewinnung; Tausende von Pinien müssen angezapft und das Blut der Bäume in Fässern gesammelt werden. Viele Tonnen im Jahr werden so gewonnen, von den Schiffen eingesammelt. Sie kommen von vielen Inseln und Buchten nach Hvar, von dort in die chemische Industrie für die Herstellung von Collophonium, Malartikeln, Farben: das Blut der Bäume für die Kunst!

Pavo trinkt den roten Wein gleich aus der großen Glaskanne, und seine Frau, wie viele Frauen hier hager, sehnig, ohne Hüften, ohne Brüste, mit einem von Falten durchfurchten, ausdrucksvollem Gesicht, wirren, braunem Haar, seine Frau muss dreimal nachfüllen; schließlich bringt sie die Korbflasche an den Tisch, laut lamentierend, aber obwohl ich kein Wort verstehe, spürt man, wie sie es meint: gutmütig, spottend.

Sie steht dabei mit verschränkten Armen, spricht mit den Männern, füllt nach, schafft Brot herbei, das sie selbst im Backofen nebenan gebacken hat, sorgt sich um ihr Wohlergehen. Das ist hier die Rolle der Frau. (Schon in Split, bei Miros Onkel fiel mir auf, dass die Frauen des Hauses bei Tisch bedienen, nicht mitessen, nicht mal ein Stuhl wird ihnen angeboten.)

Und doch, so empörend ich das im Prinzip finde, ich habe nicht den Eindruck, dass sie selber unglücklich sind, sich benachteiligt fühlen; sie wären wohl erstaunt, wenn man darauf bestünde, dass sie dabei sitzen sollten. Ich, als Fremde, kann wohl als einzige Frau mit sieben Männern am Tisch sitzen, für mich gelten diese ungeschriebenen Gesetze nicht, aber diese Tatsache bedeutet in ihren Augen kein Privileg; eher schon wird es nachsichtig beurteilt, als eine Art Narrenfreiheit, die Unwissenden konzediert wird, oder Leuten, die letzten Endes doch nicht mitzählen.

Natürlich sind das Spekulationen, Interpretationen. Man müsste das als Ethnologin sicher genauer untersuchen. Wie viel an alten Sitten und Gewohnheiten wird schon in der nächsten Generation verloren gegangen sein. Manchmal reizt mich der Gedanke, hier in unserem alten Europa die seit Römern und Griechen – und sicher schon früher – etablierten Traditionen in ihren Restbeständen aufzuspüren, zu sehen, was es noch gibt, an frühkulturellen Elementen in diesem technifizierten Jahrhundert, in unserer wissenschaftlich orientierten Welt ... Ich bin sicher, unter diesen Fischern und Bauern am Mittelmeer würde man vieles heute noch finden, was vor Jahrtausenden begonnen haben mag. Miro, der in beiden Welten zu Hause ist, wäre für ein solches Unternehmen eine wichtige Schlüsselfigur.

So wie in dieser Hütte mag es heute in vielen entlegenen Teilen der Welt aussehen: weißgekalkt die rohen Steinwände; die klobigen Brettertüren am Eingang und Hof blau gestrichen wie die Fensterläden. An den Wänden die Utensilien des täglichen Gebrauchs; schräg an Stricken ein halbblinder Spiegel, daneben ein buntes Bild, Reklame für den Fischkonsum – der Kleidung der Abgebildeten nach zu urteilen, ein Bild aus der Vorkriegszeit; eine rote Emailleschöpfkelle an einem Nagel; ein kubisches Holzkästchen für das Salz, ein, zwei Pfannen, die Petroleumlampe, einzige Lichtquelle auf diesem stromlosen Eiland. In der gegenüberliegenden Ecke ein Küchenschrank wie von van Gogh gemalt, ein dralles Blau, Schnörkel, Fensterchen; schließlich im Fensterbrett die Zivilisation in Gestalt eines laut quäkenden Transistors, aufmontiert auf ein Holzgestell und mit einem Schutzdeckchen, mit Blumenmuster und Volants versehen; ein Nähkörbchen, ein zerlesenes

Schulbuch der Söhne, geometrische Figuren darin, Rechenaufgaben, unverständlicher Text: man freut sich über jede Lichtung im Dschungel der fremden Sprache: Simetrij, Geometrij ... auch hier.

Es ist gut zu wissen, dass es Pavo und die Seinen auf Sćedro gibt. Dies wird unser Stützpunkt sein, unsere Verbindung zur „Zivilisation", die gegenüber in Zavala beginnt; er fährt fast täglich mit seinem Boot hinüber. Man wird also auch auf Zahnpasta und ähnliche Erfindungen des weißen Mannes nicht verzichten müssen, wenn wir erst einmal unsere Sommerhütte hier haben werden. Die einzige Einkaufsquelle ist dort zugleich Postamt, Schule, Verwaltung usw.

Ich sehe zu wie Miro für uns eine armlange rote Muschel pflückt, viele Meter tief, vom Grund des Meeres; oder wie er mit der Harpune einen Fisch schießt. Eine neue Welt wird noch zu erkunden sein. Auf der Rückfahrt ein Essen an Bord, Fischbrodetto, dazu: tiefrot der Wein, wie man ihn hier im besten Hotel nicht mehr bekommt. Niko raubt einen Arm voll Trauben. Von Bucht zu Bucht: Aufladen der Fässer. Neugierige an den großen Landeplätzen, herumlungernde Männer, Netze flickende Knaben. Sonnenuntergang, vorbei an den Grotten wie am Morgen; ganz nahe an der Küste steuert Miro das Boot heim.

Pavos Insel – Initiation

Nebenan bei Mate laute Stimmen, die immer ein bisschen nach Streit klingen.

In der Küche der japanische Transistor, der „sehr teuer, aber sehr gut ist", mit den Abendnachrichten. Unser Margarac, das Maultier, klingelt sich am Hafen entlang nach Hause, hat seinen Stall unter unserer Terrasse. Die Ruinen des Benediktinerklosters noch im vollen Sonnenlicht; zur Bucht der gedrungene rechteckige Turm mit der einzigen Verzierung, einem doppelten Rundbogen unter einem schlichten Balkenfries, da wo früher die Turmspitze, das Dach begann; jetzt sind die Rundbögen ausgemauert, schwarze kleine Fluglöcher – ausgespart für die Tauben? Oder Fledermäuse? Nur der Maschendraht rings um die Terrasse, die metallenen Bienenkästen geben einen Anhaltspunkt für eine Datierung.

Unten in der Bucht könnten jetzt die Schiffe mit den Kranken liegen, die Pestschiffe, die Schiffe mit den Aussätzigen, denen vom Ufer aus gepredigt wurde, sonntags, als noch die Benediktiner hier wohnten. Schon im 13. Jahrhundert soll dies Kloster gebaut worden sein. Heute trocknet das Heu in der Kapelle, Zwiebeln und Kräuter. Im Garten wachsen Paradeiser, Wein, Gemüse. Es riecht nach Maultiermist.

Die Stille der Natur. Heute vor dem ersten Hahnenschrei, es war noch beinahe Mitternacht: Hundegebell, Katzengezänk unterm Fenster. Ein Uhu ruft. Eselsgeschrei. Antwort auf Rufe; dann das Blöken der Schafe, die Ziege mit ihrer Klingel und dem schlurfenden Geräusch, mit dem sie über die Steine schreitet auf ausladenden bootsförmigen Hufen. Picasso hat sie so gemalt.

Große rechteckige Käfer aus schillerndem Grün, fliegende Juwele, fliegen aus dem Feigenbaum zurück mit lautem Gebrumm. Schwerfällig landen andere auf den reifen Früchten. (Schwer sich zu konzentrieren, um beim Schreiben nicht ebenso abzuschwirren.)

So gucke ich gelegentlich über den Zaun. Beobachte. Ivo spielt mit dem Esel, springt ihm von hinten auf den nackten Rücken, reitet mitten hinein in die Runde der abendlich klönenden Familienmitglieder, schlägt ihm mit der flachen Hand klatschend auf den staubigen Hals, liebevoll, dreht und wendet, gibt ihm die Fersen und mit angelegten Ohren jagt das schwarzbraune glatte Tier mit dem kräftigen Burschen über den steinigen Pfad zur Kapelle Futter holen. Oben Geräusche im Geröll; ein Schafskopf guckt über den Zaun aus Reisern, hartblättrigem Gesträuch, wie es hier überall auf der Insel wächst, neben Rosmarin, Lavendel, Lorbeer.

Beobachten. Festhalten

Netze flicken. Pavos quadratische Pranken mit großer Präzision am Werk. Keine Masche wird übersprungen. Das ist Männerarbeit hier. Überhaupt die universelle Geschicklichkeit: Hausbau, Wegebau, Terrasse, die Vinograds, Türschlösser, Feuerstellen; dann Fischen, Motorreparaturen, Schnaps- und Weinbereitung – ein glasklarer Schnaps mit Dürerschem Wiesenstück im Glas, Kräuterstengel aller Art. Harzgewinnung. Waldpflege. Möbelherstellung. Fischräuchern. Gartenarbeit. Zisternenbau – kurzum: alle Grundbedürfnisse des Menschen und einige mehr können an Ort und Stelle befriedigt werden. Großvater Kordic zu Besuch. Ein gichtiger alter Mann über 80 mit lebendigen Augen im braunen, faltigen Gesicht; im blauverwaschenen Anzug, mit verschwitztem Strohhut, geht er über den grobgepflasterten Weg, neben ihm die kleine schwarze Katze – ein Bild von van Gogh. Die wilden Kälberspiele von Ivo, Stjepko und dem schmalen „Mexikaner", Mates Sohn. Oben kommen die Schafe herbei, rührende Geschöpfe mit ängstlichem Blick und vorwärtsgeneigten Ohren.

Langsam wird es dunkel in der tiefeingeschnittenen Bucht. Wasser und Berge hinter dem Feigenbaum haben die gleiche weiche blaue Farbe. Drinnen in der winzigen Küche von Pavo breites dröhnendes Lachen. Die Jungenstimmen, die heftig und hell klingen, Eselsstimmen nachahmen, unvermittelt in eine Melodie einmünden. Der Mond geht als Sichel überm Berg der Insel auf, halb eingerahmt vom frischen Piniengrün.

Heute (14. August 1964, für uns ein historisches Datum) Uleni Bog: wir besuchen den neuen Zelt- und künftigen Bauplatz. Hier lasst uns eine Hütte bauen! Ein verlassener Vinograd mit einer verfallenen Steinhütte am Hang, Blick auf die Insel Hvar. Ein Haufen brauchbarer Steine. Ein alter Feigenbaum. Erste gemeinsame Pläne mit Miro. Das wird unser Paradies!

Morgen soll es endlich wieder Schije geben. Inzwischen haben sich die kleinen Fische sattgefressen am toten Rochen, Golubschwanz, Kopf und Flossen. Die schwimmen als langsam verwesende weiße Fleischfetzen im kleinen Bootshafen. Ku-Klux-Klan-gesichtig die kleine Leiche. Die letzte Reserve versagte heute Abend. Es gab keine Fische mehr in der Bucht, nicht einmal Schije. Nun ist es rasch dunkel geworden. Der Geruch von Holzfeuer und Holzkohle nahe der Küche liegt in der Luft.

Ljubica– das Veilchen

Am Frühstückstisch: Das Staunen über die fremde Sprache. Vielleicht zum ersten Mal?

Sie lebt in ihrer Sprachwelt wie der Fisch im Meer – selbstverständlich, unreflektiert. Nun ist sie von einer ursprünglichen Neugierde gepackt: „*sin* – der Sohn." – so einfach. Warum ist Buchstabe nicht gleich Buchstabe? Laut nicht gleich Laut? Wie kann das sein?! – Eine Viertelstunde lang vergisst sie ihre Wäsche, die teer- und ölverschmierten blauen Trikothemden der Männer, den schweren rußigen Eisentopf auf dem Boden des Rohbaus, die Seifenbrühe, die überschwappt, und sitzt neben uns auf der groben Bank. Wie ein kleines Schulmädchen, das noch Spaß hat am Lernen, ist sie versunken in die Bücher. Sie blättert im Lexikon, freut sich über Wörter, die ähnlich sind: „sportaš – Sportsmann" – lacht über die Unterschiede, wehrt ab, was sie kennt – „Morgen?" – natürlich, das kennen wir längst!

Dann plötzlich: „ich muss was tun." Sie holt den Esel vom Geröllhang, treibt ihn die Treppen hinunter, an der Terrasse vorbei, den kleinen Weg bis zur Quelle: Wasser holen. Die Arbeitsvorgänge wechseln häufig; es scheint keine langen ununterbrochenen Tätigkeiten zu geben. Auch die Männer tun vielerlei und selten lange Zeit dasselbe.

Ariadne auf Sćedro. Im Labyrinth der Büsche Eier suchen: Das weiße Huhn, an einen etwa 10 Meter langen Faden gebunden, sucht sein Ei. Frau Ljubica lässt den Faden bisweilen los, da, wo sie nicht durchs Gebüsch kommt, greift ihn wieder auf, verfolgt das leise gluckernde Huhn. Ein helles Aufgackern. Nichts mehr zu sehen. Die übrigen Hühner flüchten, mittendrin der lange magere Hahn. Übrigens bezeichnend für die Hühnerhaltung hier: „Es sind 15 bis 20", auf die Frage „wieviel?" – Nein, es war diesmal nichts. Auf dem Arm trägt sie das Huhn auf die andere Seite des Hangs. Das alles kostet unendlich Geduld, Zeit, ist für unsere Begriffe phantastisch luxuriös.

Pavos Keller

Netze verschiedene Sorten. Angelschnüre. Ziegenbälge für Wein. Wabenrahmen. Imkereigeräte. Große Weinfässer, große Baumsägen. Eine zusammensetzbare Weinpresse (für den Betonring), Ölpresse. Werkzeuge. Nägel. Ein Sack mit Mehl. Benzin und Öl für den Motor. Knüppel zur Tanninbereitung, zum Gerben:

Pavo erntete im letzten Jahr 36 Hektoliter Wein (3600 Liter); davon verbraucht er 16 Hektoliter mit seiner Familie – zu manchem Essen, zum Beispiel Fischgerichten, 2 Liter: „Der Fisch schwimmt dreimal – im Meer, im Öl und im Wein! *„Riba pliva tri puta, u moru, u ulje, u vino ..."*

Bei der Zubereitung von Wein und Öl, beim Honigschleudern arbeitet er nicht mit seinem Bruder, der nebenan wohnt, zusammen. Jede Familie ist absolut autark. Zum Teil wird dieser Superindividualismus, oder richtiger vielleicht der Familienegoismus, noch durch die politischen Konstellationen verstärkt. So war zum Beispiel Pavo schon 1943 bei Titos Partisanen, freiwillig, sein Bruder erst später, gezogen. Während sein Bruder aber in Bosnien hart kämpfte, war Pavo als Flüchtling (oder als Gefangener der Italiener?) in Afrika, in Chad-el-Arab, nahe Suez, wo er seine Frau Ljuba kennenlernte und auch heiratete. Heute bekommt er eine kleine Pension – 700 Dinar – als ehemaliger Partisan, nicht jedoch sein Bruder. Inzwischen hatten ihm die Ustascha-Leute, von denen es hierzulande heißt, sie seien schlimmer gewesen als die Deutschen, sein Haus heruntergebrannt. Er musste noch einmal von vorn beginnen, mit seiner Frau und ohne weitere Hilfe. (So hat man es uns erzählt.)

Das erste Kind, ein Mädchen, starb ihnen. Familienfotos zeigen die geschmückte Kinderleiche in Weiß und blumenübersät in einem rohen, sich nach unten verjüngenden Holzsarg, umgeben von weißgekleideten Mädchen. Überhaupt spielt die Kirche in diesen Dörfern offenbar immer noch eine Rolle: viele Bilder mit Erstkommunikanten, weiß und festlich, beim Abendmahl mit einem jungen, starken Priester.

Heute ist Pavo ein freier Mann, frei und autark wie wenige! Er kann weitgehend selbst entscheiden, kann disponieren; mit seinen großen breiten Händen packt er zu, hart, unzimperlich, erschlägt eine Wespe mit der nackten Faust. Aber er geht oben in den Wald, wenn ein Zicklein geschlachtet werden muss. – Dazu Miro: „ein so großer Mensch ...!" – so nahe geht ihm das. Und in den Wald lief er auch, als er Soldat werden sollte, (aber wie kam er dann zu den Partisanen?!). Er ist friedliebend, hasst es zu schießen, er will in Frieden leben und in Frieden gelassen werden: „*Pusti mi na miru!*"

Zum dritten Mal heute Abend gehen sie zum kleinen Hafen Schije fangen. Eben noch briet Gospodja Ljubica am offenen Feuer hinten im Hof eine Pfanne voll. Mate, Pavo und der Besuch vorne im Patio klaubten die kleinen Fische aus dem Netz für den zweiten, dritten Gang bei Petroleumlicht. Die junge Schwachsinnige von Nebenan saß dabei, schwatzend, mit ihrer metallischen Stimme. Der Besuch ist die Wasserpolizei. Seit ein paar Stunden da. Pavo ist begeistert vom Kapitän. Der, blauäugig und „gepflegt", geht lässig durchs Gelände; jovial grüßt er ringsum. Die Frauen haben große Augen, und Frau Ljubica hat einen besseren Pullover übergezogen.

Eben läuft eine Maus durchs Zimmer, sehr klein, niedlich – schrecklich. Nein, eher niedlich! (H.: der *glissando* Effekt, ein „Befreundungseffekt" – geboren in Sćedro). Draußen bringt Radio Split oder Zagreb Nachrichten. Wenig zu verstehen. Ob es wieder ruhiger ist in Vietnam; aber was heißt schon Ruhe?!

Im Labyrinth

Vor zwei drei Tagen unsere Expedition zum südlichsten Ende der Insel. Initiation in Pavos Wald. Wir verständigen uns über Ziegenpfade, Waldwege, Brandschneisen anhand einer nicht ganz präzisen Blaupause der Insel. Hinter Uleni Bog unbekannte Buchten; überall das brüchige Kalkgestein, auf dem schwer zu gehen ist. Dann hoch in den Wald. Bremsen. Wir verlieren den Weg und die Orientierung im dicksten Piniengestrüpp. Wiedehopfe, aber immer im Abflug, ein schwarzbrauner Fächer.

Unerträglich die Bremsen. Immer engere Kreise um Kopf und Arme; sie berühren die Stirn, Ohren, Augenbrauen. Der Schweiß tropft von Schläfen und Nase, der Rücken ist nass. Man muss rasch gehen, damit sich kein Insekt festsetzt, kommt aber im Gestrüpp nicht voran, zerkratzt, zersticht sich die Arme und Beine. Gefühle von Klaustrophobie. Wie muss es erst im saftigen, feuchtheißen Dschungel sein? ...

Aber nach vielen Irrwegen finden wir aus dem Labyrinth heraus, kommen in herrlichen Hochwald, auf weiche braunschimmernde Waldwege, gepolstert mit Piniennadeln. Wir markieren die Abzweigungen, orientieren uns am frischen Maultiermist, an den Abzapfstellen und anderen Spuren menschlicher Nähe, und endlich sind wir auf der vier Meter breiten Brandschneise, die durch eine Oberharz- und Heidelandschaft zum gottverlassensten Kap führt.

Die Brandschneise führt zum Meer. Schnurgerade den Hang herab, wenn ich aufblicke. Meine Augen, seit Stunden mit Steinen beschäftigt – automatisch wählen sie die kleinen begehbaren Flächen, die glatten Kuppen, die Zwischenräume mit ihrem spärlichen Kraut aus. Und doch sind auch die Füße aufmerksam; jeder Schritt, jeder Tritt wird vorgefühlt, völlig neue Sensoren sind am Werk: ein Weg-, ein Stein-, ein Gehgefühl – (abgerechnet die Fehltritte, die zwar zahlenmäßig und relativ gesehen geringfügig sind, aber dafür um so schmerzhafter.)

Eine ganz neue Perspektive: begrenzt von den blauen Hosenbeinen meines geliebten Vordermanns – bremsenbesät. Nein, natürlich sehe ich auch die Landschaft! Und als sich die letzten Unterschiede zwischen Fußpfad und Geröll auch beim besten Willen nicht mehr behaupten lassen, stehen wir in einer toten Landschaft: einem bis zum Grau im Dunst liegenden Meer; einer Öde aus schwarzverkohltem Gehölz, umwuchert von hartem, gelblichen Gras, flachem, trockenen Kraut; afrikanische Steppe nach einem Steppenbrand? Die Phantasie reist über den Globus.

Brüchiges, graugelbliches Gestein, Geröll, dazwischen die verkohlten Busch- und Baumreste versperren uns den Weg; die Äste brechen trocken und mit klackendem Geräusch unter unseren Füßen, sperren sich gegen die Schenkel, färben die Hände schwarz. Ein Holzstoß rechts, eine grobe kleine Steinhütte links – unsere Rückweg-Orientierung.

Der Weg zum Wasser scheint endlos. Fata Morgana-Visionen – hier ließen sie sich entwickeln! Aber was von oben wie Baumkronen aussieht, ist primitivstes Gestrüpp; wenig später schon sind wir dann am Ziel, dem einen, dem südlichen Ende der Insel: Kap Namenlos, auswechselbar; flaches, ölverschmiertes Kalkgestein in brüchigen Platten, vom Meer, von der Brandung zerfressen, eingeschnitten, mit rundem Kieselgeröll wieder flach aufgefüllt.

Treibgut für Träume: Palmrippen und runde Korkstückchen, rundgeschliffenes grünes Glas, eine rote Gummisandalette, die die Steinchen ringsum färbt, vergilbte silberne Äste, ein Flaschenverschluss, rotgrüne gallertartige Seebeeren, ein breit zerfließendes halbes gelbes Kinderpferdchen aus Zelluloid, ein rostiges Kistenbrett; kleine Meeresschwämme, Fischschwänzchen; Muscheln, flach und versteinert; Schneckenhäuser, ausgewaschen und neu von Kieseln gedrechselt, kaum noch erkennbar. Stofffetzen. Tuchreste. Äste und Holz – von welcher Küste? So könnte es auf den Galapagos sein – oder irgendeiner Insel in den Weltmeeren, auf denen ich mich als Schiffbrüchige in Angstträumen sähe ...

Zurückgekehrt: Abendstille, Dämmerung ums Haus. Ivo pfeift immer dasselbe Lied. Frau Ljubica wäscht ab. Gern würde sie ihre Sichel mit dem Federhalter tauschen: als ich die handgeschmiedete kurze Sichel aus schwarzem Eisen mit der halbmondförmigen kurzen Klinge betrachte, machte ich in ihrer Gegenwart die gedankenlose Bemerkung, wie schön ich sie fände. Solche ästhetischen Kategorien sind den Menschen hier fast völlig fremd. Fast – denn im kleinen Haushof stehen ihre Blumen in Blüte, wohlversorgt in ihren hässlichen Blechkanistern, Marmeladen- und Seifeneimern, beschützt vor Ziegen und Schafen durch ein altes grobmaschiges Fischernetz und ein zusammengebasteltes bewegliches Tor, einer Art Gitterschutz aus Maschendraht und Ästen und etwas Flechtwerk. (Die Hässlichkeit dieser Tonnen und Kanister hat aber schon wieder ihren eigenen malerischen Reiz als Pop Art!)

Was sind wir doch für seltsame Wesen: Wir kommen auf diese abgelegene Insel, die soviel Arbeit macht (Weinpflanzen, Hacken, Fischen, Smolar einsammeln, i tako dalje) – mit „schönen Koffern" von weither. Wir stehen morgens auf, wenn sie aus dem Wald zurückkommen, um Fische zu essen nach getaner Arbeit. Wir brauchen viel Wasser, einen Eimer täglich aus der Quelle, um uns zu waschen, obwohl wir doch immerzu Schwimmen gehen, also eigentlich keinen Grund haben, denn wir arbeiten ja nicht, werden also auch nicht eigentlich schmutzig. Wir gucken beim Backen oder Netzeflicken zu, laufen überall herum und finden die alltäglichsten Dinge wie Bootstreichen interessant. Was ist an einer Reuse zu sehen, oder im Maultierstall? Was gibt's schon im Garten, im Keller Neues? Und das Wetter ist schön, wenn die Sonne scheint! Kein Regen fällt! Und Mistral weht. Wir essen aus Konserven und Tüten so einmalige Sachen wie Wurst und Suppen, von denen man hier nie gehört hat. Wir haben „wunderschöne Sachen" bei uns; Kleidung, die nichts verträgt, und tragen immer dasselbe im Wald, viel zu dicke und zu dunkle Hosen.

Am Verrücktesten aber ist unsere Liebe zum Meer. ...

Gerade noch. Gerade noch erträglich ist diese primitive Zivilisationsstufe, die – abgesehen von wenigen Elementen – zeitlos scheint: kein elektrisches Licht, kein fließend Wasser, keine Variation in der Ernährung; das Leben ist Arbeit und Essen und Schlafen und der Kreislauf von Geburt und Tod. So war es vor hunderten, vor tausenden von Jahren rings ums Mittelmeer, überall, wo Bauernbevölkerung am Wasser lebte; so wird es heute in vielen Entwicklungsländern sein. Hanuabada, Port Moresby!

Erschreckend, wie fest eingeschworen sie sind auf ihre alten Weisen! Wenig Neues wird akzeptiert, oder wo es Eingang findet – wie beim Transistor, beim Motor fürs Boot, beim Propangaskocher – ist seine Wirkung begrenzt, oder sie bleibt isoliert. Das Schlafzimmer der Familie: Haken an der Wand für die Kleider, die Aktentasche, die Petroleumlampe, alte Hosen, rostige Nägel; ein zusammengenagelter wackeliger Schrank, zerwühlte Betten, immerhin vier: für jedes Familienmitglied eins; da aber viel Verwandtenbesuch kommt, schlafen die Kinder oft zwischen alten Sachen und Decken auf dem Boden, oder zu mehreren zusammen in einem Bett.

Die Tafel Schokolade hat große Wirkung. Ivo ist flink bei der Hand, wenn ein Wunsch auftaucht. Sicher ist er nicht gewohnt, so geehrt zu werden: vor allen anderen bekam er sie zu *seinem* Geburtstag! Kühles Wasser beschaffen, ein Büchse öffnen – sind plötzlich Kleinigkeiten. Die Mutter ruft so oft vergeblich um Hilfe. Dabei sind die Jungen gutwillig, gutartig, aber ohne zivilisatorischen Putz, halbe Barbaren – um wenig zu sagen. Sie kennen keine Überforderung, geben jeder Regung nach und laut Ausdruck. Fröhlich in einem Moment, verspielt mit Maultier und Fußball, im nächsten wild streitend, zankend, handgreiflich. Anbrüllen und Weinen, Rücksichtslosigkeit und Empfindlichkeit, Lachen und Weinen nah beieinander!

Im Grunde jedoch stimmt schon das romantische Klischee (Kaspar Hauser?): sie haben ein feines Gefühl für den Mitmenschen, eine Zartheit oft, eine Aufmerksamkeit, das, was man so ratlos mit „Herzensbildung" bezeichnet hat! Besonders Frau Ljubica, aber auch der tief brummende, pralle Pan, „unser Pavo".

Hat sein ausdrucksstarkes „*dobro*" nicht manchmal Ähnlichkeit mit Schillers „Seid umschlungen Millionen ...?!

Konkreter die Sprache: Von zehn Sätzen, die sie sich ins Deutsche übersetzen lassen: „*bitçe* = bitte" – der größte Teil Fragen nach dem Befinden, nach den Wünschen anderer! Auch: „Wie gefällt Ihnen Sćédro? Möchten Sie trinken", usw. (Interessant wäre es, das mit anderen Leuten, uns, zu vergleichen. Vielleicht als Testfrage? Ich will. Ich möchte. Was kostet ... Es wäre immerhin denkbar ...)

Pavo: „*Ljubica, gdje radio?*" Sie: „er versteht nicht viel, *ya sve,*" – ich dagegen viel heißt das. Frau Ljubica behält in allem den Überblick

Morgen kommt der Kapitän der Smolar zum Lammessen ...

Das Hammelopfer

Pecamo meso sutra! Morgen braten wir Fleisch. Also heute. Jetzt schwimmt schon die abgezogene Kopfhaut im Wasser, neben den Booten, gelblich weiß vom Talg, mit blutig rotem Pelzrand, da wo der Hals war; zwei Maskenschlitze vom Blut der Augen umrandet. Jetzt herrscht viel Aufregung und Betrieb in der winzigen stinkenden Küche. Pavo steckt kleine Stückchen Hammelfleisch – abwechselnd Fleisch von der Keule, weißliches Fett aus den Eingeweiden, die zerschnittene Leber, Kleinfleisch undefinierbarer Provenienz – auf einen 1-Meter langen Holzspieß, eine Art Riesenschaschlik, präpariert einen zweiten kleineren mit hellrotem Lungenfleisch dazwischen. Die fertigen Spieße lehnen an der Wand. Darüber hängt, an rostigen Eisenhaken eine der Keulen an den Haxensehnen, neben Schlund, Lunge, Leber verbunden durch irgendeinen fettglänzenden Strang; an der Wand rote Tropfen, verschwimmend im weißen Kalk. Die hinterbliebenen Lämmer blöken kläglich im Stall oberhalb der Küche.

Die Schlächter sind längst zurück in Sveta Nedjelja mit den großen Fleischstücken.

Alles ging blitzschnell: Als ich kam, war das Schaf schon ausgeblutet. Es lag auf dem Rücken, von zwei Männern gehalten: Pavo und Stjepko kamen aus dem Wald zurück. Sie konnten nicht zugucken! Die Nachbarin lachend: ich hab's gemacht. Ihr Lachen hat etwas Irrsinniges. Während Pavo in einem einzigen Wort die Musikalität eines ganzen Orchesters entfaltet – mit viel Tuben und Bässen: „dobro!" – hat diese Stimme keine Modulation. Ein einziger Ton, ziemlich hoch und angestrengt – so als könnte er jeden Moment zerbrechen – gellt in den Ohren, unüberhörbar in jeder noch so lauten Zusammenkunft.

Die Augen des Schafs: grün, gelb, gläsern, starr, offen – überreife Stachelbeeren, die aufquellen. Die zwei Männer, darüber gebeugt, lösen das Fell ab, ziehen, ziehen – es geht nicht leicht; sie schleppen das tote Tier vom Hinterhof in den Kellereingang unter unserem Schlafzimmer. Dort, umgeben von Fliegen und allen An- und Einwohnern, hängt es Minuten später an den Haxen, von der Decke herunter, an Stricken. Pavo im Hintergrund, eins mit seinem Keller, der friedliche Landmann; (der zwar einer Fliege, nicht aber einem Lamm etwas zuleide tun kann.) Erst wenn das Schaf zu Fleisch geworden ist, (also abstrakt, kein lebendes Tier mehr darin erkennbar,) wenn es gewogen und verteilt wird, kommt er wieder dazu.

Nun geht es schnell; der bläulich schimmernde aufgeblähte Bauch kommt aus dem Pelz; wie ein zu enges Kleid wird die Haut über den Kopf gezogen, am Halse durchgeschnitten. Der blutige Kopf mit langen Zähnen, die noch immer blecken, wird im Meerwasser gewaschen; der kleine grausige Kopfpelz mit der zarten weichen Haut ums Maul schwimmt schon.

Ein Schnitt: aus dem Bauch quellen die Eingeweide, ein praller blaugelber Ball. Pansenmagen. Gedärm. Galle ... mit einem dumpfen Knall verschwinden sie in einer Holzkiste, rasch von den geübten Schlächterhänden abgelöst, und nun hängt der Hammel, der eigentlich ein Schaf war, säuberlich da.

Ein Bild von Corinth oder Rembrandt, schon wieder malerisch vor dem dunklen Hintergrund der Kellertür.

Am meisten hatte ich mich – nach dem Kehlenschnitt, also dem eigentlich Töten – vor diesem Bauchschnitt gefürchtet, mich um eine ethnologische oder auch ästhetische Perspektive bemüht; das ging auch einigermaßen. Der Rest war schnell getan: mit einer kleinen Axt wurden Brust und Schloss – der Schoß – geöffnet, mit wenigen Schnitten und Griffen das Tier zerlegt, die Lunge ausgeblasen, die Galle entfernt und auf den Weg geworfen, der Talg zwischen Gedärm und Fleisch abgesondert, der Pansen zerschnitten, gelblich, mit warzenförmigen Erhebungen innen, und mit groben Salz (für was?) eingelegt; das Fell aufgeschnitten, mit Sägemehl bestreut an die Holzpforte des neuen Hauses gehängt zum Trocknen.

Eine Stunde später essen wir mit aus Interesse, Ekel und Appetit gemischten Gefühlen das tote Schaf in kleinen Schnitzeln.

In unserem kleinen Taschenwörterbuch gibt es auch das Wort „ubojica" – „Mörder" ...!

(Gestern der schöne schillernde Fisch: ein prächtiger Komarač. Abschiedsessen. Viel Wein. In Sveta Nedjelja ist übermorgen ein Volksfest: Ob Pavo fährt ist noch ungewiss...)

Hvar – die frühen Jahre

Kleingriechenland und die Höhlenmenschen

Oben im Wald das Summen der Kräuter – Rosmarin, Bienen. Der Geruch von warmen Pinienholz. Ein wildaussehender Mann mit flickenübersätem Hemd – zottelig, braun. Braun Haut, Hemd und Hose. Schuhe wie Steine. Jung, stark bärtig. Reisig sammelnd. Ein griechischer Hirte? Kaspar Hauser?

Vor ihm durchs Gebüsch: Der Gott der Ziegen schiebt sein Haupt, gelbäugig mit weißem Schopf, hornlos, haarig, langbärtig. Uriniert in seine weiße Pracht unterm Kinn. Weithin duftet sein wildes Parfüm. Zeugungswille. Zwei jüngere Ziegen, fast farblos, am Abgrund der Grotte, schauen. Klein Griechenland.

Einstieg ins Paläolithikum. Fünftausend Jahre vor unserer Zeit. Eine erdbraune Stalaktitenhöhle. Stufen führen durch die Jahrtausende. Schneckenesser, Muschelfresser. Kulthöhle oder Schlafplatz? – Oben nisten nun Vögel.

Jeder Stein muss durchs Schüttelsieb. Ganze Tongefäße hat man zwischen den Stalaktiten gefunden. Obenauf ein römisches Skelett. Komplettes Begräbnis. Darunter die Griechen; dann weiter rückwärts, hinunter, über Bronzezeit, Eisenzeit und Faustkeil-Epochen. Schließlich: das grüne Jadebeil, jetzt im Museum. Kultgegenstand.

Halsbrecherisch die Arbeit. Einstieg ins Dunkel. Rückkehr. Das Meer ein Spiegel. So glatt. Sanft atmend bei unserer Rückkehr ins Tageslicht. Im Auge: die goldbraunen Fische aus der Steinzeit. Drei Bremsen kleben an mir. Insektenphobie. Zurück ins Zeitalter der Television. In knapp zehn Stunden das alles.

Was bleibt? – Felsspitzen im Wasser. Steine, umschäumt vom Meer. Steine, die nie eines Menschen Fuß betreten hat. Nicht die Menschen der Steinzeit, nicht Odysseus, nicht Miro und wir.

Und das inmitten einer Landschaft, die seit Jahrtausenden von Menschen bewohnt und umkämpft wird. Nur Möwen, Wasservögel, mögen sich hier kurz ausgeruht haben.

Gräber und Helfer

Pino, einer der alten Männer, die Professor Novak beim Ausgraben in der blauen Grotte helfen, hat auch seinen Stolz. Er gräbt dort schon seit Jahrzehnten, sucht Gold. Nun soll er sich ums Boot kümmern, um die Benzinkanister, die Schaufeln und Geräte – gegen mäßige Bezahlung – soll das alles parat und in Ordnung halten.Und er kann das, natürlich.
Nema problema.
Aber es füllt ihn nicht aus. Also kommt oder geht er, ist nicht einfach auf Abruf verfügbar, kriegt immer wieder Ärger, bleibt abwesend. Auch wenn er da ist. Eine Geduldsprobe für alle. Wie soll das aber nun weitergehen? Es geht weiter. Irgendwie.

Miro, der dem Professor gelegentlich bei der Arbeit hilft, erzählt uns von ihm. Die Ausgrabung fordert ihren Mann. Das Boot wird gebraucht. Pino wird gebraucht. Aber eines Tages ist es genug für ihn, es reicht ihm, er wird wütend, schimpft, wünscht den Professor und die andern alle zum Teufel, sagt: „Ich gehe jetzt auf andere Insel zu leben wie ein Herr ..."

Aber er bleibt. Warum bleibt er? Er kann es einfach nicht tun! Es geht nicht.

„Der Mensch ist nicht stark. Der Mensch ist nicht so stark wie er denkt. Er soll doch nah bei den Menschen wohnen, im Dorf, nicht draußen im Zelt." Miro versteht ihn gut. Er ist schon lange Zeit mit Pino vertraut.

Nach dem Krieg (1945) lernte Pino – als alter Mann – in vier Jahren in Belgrad Lesen und Schreiben. Seit mehr als zehn Jahren kam er nicht von der Inselspitze nach dem Ort Hvar. Pino weiß über alles Bescheid, über alles, versteht sich als Philosoph. Ohne viel Worte.

Noch eine andere schöne Geschichte erzählt er: Pinos Bruder, nun schon weit über siebzig, erinnert sich an sein erstes Paar Schuhe, ein Geschenk. Er wusste nicht, ob er weinen sollte – vor Freude! Er band sie an den Schnürsenkeln zusammen, warf sie sich über die Schulter, einen nach vorn, den anderen nach hinten. So ging er barfuß des Wegs. Sah er ein Mädchen von weitem, so nahm er sie rasch herunter, zog sie an seine Füße, ging stolz an ihr vorüber. War sie dann außer Sicht, nahm er die wunderbaren Schuhe wieder über die Schulter.

Die grüne Klinge

„Ich hielt sie in der Hand, sie war aus glattem, harten Stein. Ein Stein, wie ich ihn noch nirgendwo gesehen hatte," erzählt Miro. „Als ich den Klumpen rotbrauner Erde in der Hand hielt, das Gewicht spürte, ahnte ich schon: das ist etwas Besonderes." Ganz vorsichtig, mit beiden Daumen, entfernte er die äußere Kruste, dann schimmerte es grün, mittendrin, ein glattes, sattes Blaugrün. Keramik konnte das nicht sein. „Als ich den Stein ins Wasser tauchte, hätte ich mich fast daran geschnitten, so scharf zugeschliffen war er – eine Axt?"

Wie hatte man einen solchen Stein bearbeiten können? Wie ein Diamant zerschnitt er noch heute – nach wieviel tausend Jahren? – den Flaschenhals.

Pinos Kommentar: „Er wird uns ein Bier spendieren müssen ..." Der Professor gibt immer eine Runde aus, wenn etwas Besonderes aus der Grotte geholt wird. Heute ist er dran, keine Frage! Miro stimmt zu: „Ich sage ihm das mit dem Bier." Pino ist zufrieden, nickt.

Der Professor: „Ganz hübsch, was Sie da gefunden haben, wohl das Beste auf Ihrer Liste. Na ja, geben Sie's mal her." – Er steckt den Stein in seine Tasche. Warum denn nicht in den Sack, zu den anderen, gewöhnlichen Sachen, den Scherben, den Schneckenhäusern, den Knochen, Muscheln und Nadeln?

Der Professor, jeder hier weiß es, ist ein guter Mensch. Doch Pino traut ihm nicht: „er ist ein Betrüger." – In seiner Residenz, im Schatten unter der Pinie, zieht der Professor das grüne Ding aufgeregt aus der Tasche. Pino beobachtet das alles von Ferne ...

Wenige Wochen später berichten die Zeitungen: „Es wurde auch ein besonders wertvolles Stück bei diesen Ausgrabungen in der Marco-Grotte von Herrn Professor N. gefunden. Eine sechstausend Jahre alte Klinge aus Jade, wahrscheinlich ein Kultgerät."

Und das Ende der Geschichte? Pino wartet und wartet noch immer auf sein Bier..

Ein Mann zum Träumen

Überall wo es etwas zu tragen gibt: der Bosniake. Tagsüber, wenn die großen Schiffe kommen, ist er im Hafen zur Stelle, trägt auf seinen Atlasschultern unförmige Leinensäcke, Zucker und Mehl, trägt die erstarrten Körper geschlachteter Kälber und Hammel, die offenen Bäuche himmelwärts wie Fahnen über den Kai, verschwindet in den dunklen Gassen, den dunklen Ladengewölben, kehrt – nur ein halber Mensch ohne Last und so leicht – zurück zu den Ladeluken, den Frachtbooten, die breit und schwerfällig im Wellengang an den Hanfseilen zerren, stark und ohne Temperament, kastrierte Ochsen.

Später vielleicht sieht man ihn barfüßig, den eisenrädrigen Karren wie ein Spielzeug vor sich herschiebend die Molen und Kais leeren. Seine Füße sind fest und beinah quadratisch im Grundriss, – und er braucht keine Schuhe, so dick wuchs ihm beim Laufen die Hornhaut, eine Natursohle, verlässlich.

Er muss seine Berufung sehr früh erkannt haben, denn während seines vielleicht dreißigjährigen Heranwachsens dirigierte er all seine Kraft, seine Entwicklung in Arme und Beine und ein breites Kreuz. Kurz blieb der Hals, der Kopf ein kubisch geformter Aufsatz mit dichtem struppigem Haar und Augen, deren Blickrichtung ein spitzwinkliges Dreieck ausmachen muss, dessen Scheitelpunkt jeweils um einen Meter seinen Füßen voraus zu liegen kommt. Das gibt seinem von Lasten verdunkeltem Oberkörper das Licht zum Gehen. So hat er sein Dasein im sicheren Schritt, ungetrübt, nicht belästigt von der blauen Schönheit des Meeres sechs Schritte weiter, dem Prasseln der Sonne über ihm. Seine Muskeln schützt er durch Bräune und Schweiß.

Abends: er wartet an der Fischfabrik, mit Körben in beiden Händen, stehend zwischen den Leinen, auf denen noch Netze trocknen vom vorangegangenen Fischfang. Er wartet auf die Fischerboote. Sonntags dann: in einem silbergrauen Anzug, wie verwandelt – ein prominenter Boxer im Urlaub?! – Er hat Erfolg bei den fremden Mädchen, den Touristinnen aus den großen Städten des Inlands, den einsamen Frauen aus dem Ausland. Frauen, die ein ganzes Jahr auf diese Reise sparten. Das große Abenteuer erwartend. Wortkarg, mit einem linkischen Lächeln, in dem sein Silberblick verschluckt wird, fordert er sie auf zum Tanzen auf der Terrasse des Gradski. In seinen festen muskulösen Armen träumen sie verbotene Träume, geschlossenen Auges, nachgiebig im Rücken, im Knie. Und er tanzt wie ein Gott: die großen Füße, standfest, wie für ein Denkmal geschaffen, bewegen sich in schwerfällig männlicher Anmut gelassen über die steinernen Platten im Rhythmus der Musik, ohne Konzession an modische Entartung: Bossa Nova, Twist ...

Ein Mann zum Träumen, mit harten, zupackenden Händen, verschlossen und stark. Und jede Bewegung, Biegung seiner im Kontrast zu den Schultern so besonders schmalen Hüften verrät das begehrenswerte-begehrliche Tier ...

Gastfreundschaft

Sie ist nicht ausgestorben; sie hat sich nur in entlegenere Buchten und unscheinbare Bergdörfer zurückgezogen.

Der Matrose Dragan, der, wie er uns erzählt, mit 70 Kollegen im Bauch eines Riesentankers schon rund um die Welt gefahren ist, arbeitet in seinen Sommerferien in den Weingärten und betreut die Oliven. Kein anderer könnte es ihm recht machen. Mit Rakija und Wein, dem goldenen süßen Wein, den er in seiner Hütte am Meer aus einem tropfenden Plastikbecher serviert, überbietet ihn keiner. Der alte Vater, ein dünner Riese, Stoppelkinn, blaue Augen, erinnert sich noch an seine kakanische Gefreitenzeit, an die Regimentsnummer und ein paar Brocken Austriansisch, kaum zu verstehen, denn er hat nur noch drei Zähne im Mund; er hört schlecht, geht – mit einem Bruch behaftet – gebückt und tapernd herum in seinen verblichenen, dunkelblau geflickten Hosen.

Aber eine Stunde später fahren die beiden, Vater und Sohn ohne Mühe durch die hohen kabbeligen Wellen, um Reusen auszulegen; keiner sieht ihm dann seine 80 Jahre mehr an.

Feiern sie in den Dörfern oben im Land ihre Heiligen, dann bist du Gast, ganz gleich woher du kommst, und sie tragen dich auf den Armen ins Haus; dort sollst du essen und trinken. Die Gastfreundschaft dieser armen, trockenen dalmatinischen Inseldörfer kennt keine Grenzen.

Kommst du des Wegs, wenn ein Bauer dir begegnet, mit Körben voller Wein und du nimmst sie nicht an, die Trauben, die er dir freundlich reicht, so kann es geschehen, dass er dir zornig „den Kram" vor die Füße wirft ... heißt es.

Aber das geschieht eben nicht.

Laterna Magica – oder die Begegnung mit dem Zeitgeist

Diesmal in Gestalt von Aniela Kott, der kleinen Schwester des großen Bruders und bekannten Literaten Jan Kott in New York. Sie kommt aus Krakau, ist Mitarbeiterin an der Akademie der Wissenschaften, und sie braucht Seeluft, um heil durch den Winter zu kommen. Hier kann sie sich eine Kur von seinen beachtlichen Shakespeare- und Ibsen-Tantiemen leisten, für die sie sonst keine Devisen bekäme.

Die weißen und roten und weiß-rot gescheckten Blüten einer zähen Phlox-Art, die uns auf dem Weg zum Franziskanerkloster auffällt, bringen uns ins Gespräch.

Wie heißt diese Blume? Sind es nicht die polnischen Farben?

Und Mendel, der Mönch aus Brünn ist ebenfalls gleich gegenwärtig. Der Sinn fürs Schöne und die Frage nach Namen und Herkunft, wenn das kein Thema für Polen ist! Dann unser Name: *Gizycki*. Und *Solidarność* und Kor und die Akademie der Wissenschaften – noch ist Polen nicht verloren!

Aber noch ist Polen auch nicht gerettet! – Aniela Kott berichtet von ihrer Arbeit in der Akademie der Wissenschaften, von russischen Kollegen, die sie, je nach ihrem Ruf, offiziell abfertigt oder in ihre Welt einführt. Manche, so erzählt sie, tun nachts kein Auge zu, so ausgehungert sind sie nach unzensierter Lektüre.

Die Faszination von der Liberalität des Westens, die in Polen beginnt. *Notre Dame* in Krakau, Paris in Polen, die Freunde des berühmten Bruders in New York. „Wir sind eine progressive Familie in der dritten, nein, in der siebten Generation; *polska gettingka*", das polnische Göttingen ihrer Vorväter (mit Hilbert und Gauß) ersteht von neuem in einem dalmatinischen Café.

Sie ist Auschwitz entkommen.

Sie berichtet und erklärt das Verhältnis der Polen, ihr eigenes Verhältnis zur katholischen Kirche. Sie kennt den Papst – als er noch Priester in Krakau war – „wie er singt und springt", Gedichte schreibt, Jazz liebt, als Arbeiter und Schauspieler gearbeitet hat, selber Theaterstücke verfasste; sie ist beeindruckt, wie er in Polen die Messe zelebrierte, die jungen Polen für sich einnahm. Sie ist ganz ausgefüllt von den Ereignissen, setzt alle Hoffnungen auf *Soldarnoć*, und sie macht uns – wie so oft in unserem Leben – im Wortsinn zu ihren Zeitgenossen.

Diese Begegnung ist für uns ein Anlass das „verlorene Polen" neu zu entdecken; wir bleiben weiter mit Aniela Kott im Austausch ... unser Name war eine erste Brücke. (September 1986)

Weltenbaum im Franziskanerkloster

Weltesche Yggdrasil oder der Baum im Paradies, in dem die Schlange wohnt.

Im kühlen Geviert des Klostergartens eine botanische Kuriosität mit bizarren, weit ausladenden Ästen, blaugrün, an den Enden wie Schlangen ineinander verknäult, ein ungeheuerlich verfilztes Dach aus Immergrün und kleinen Zapfen, aus abgestorbenen Ästen und eingefangenem Unkraut, ausgestreckt, aufgespannt zwischen der Außenwand der Mensa und der Terrassenbrüstung über dem Weingarten. Ohne Alter. Oder das Alter selbst.

Im Schatten der Zypresse die steinernen Bänke und Tische.

Du und ich die einzigen, die ersten Menschen hier. War so das Paradies vor dem Sündenfall? – eine Oase der Stille und des Friedens. Nur die Grillen zirpen unter der Mauer, und in den Büschen ruhen sich Vögel aus, zwitschern leise vor sich hin, wie im Halbschlaf. Ein milder Seewind bewegt die Dattelpalmen; die verdorrten Blätter rauschen wie ein leiser Landregen. Aus blauem Glas gebogen, liegt das Meer hinter den Obstbäumen, die an der hohen Außenmauer stehen, deutlich abgehoben vom hellen Himmel:

Ein klarer Tag, der die entfernten Inseln herangeholt hat aus dem feuchtheißen Meeresdunst, in dem sie sich sonst verlieren; eine klare Luft, die über dem Wasser zittert in der Hitze des werdenden Tags; ein klares alles beherrschendes Licht, das alle Konturen schärfer zeichnet. Die Blattränder auf dem verwitterten Schachbrett, das in meinen Tisch eingelassen ist, die Umrisse meiner schreibenden Hand auf diesem Papier; die großen Poren der griechischen Amphoren, die zerbrochenen Säulen und Ornamente, die man neben der Pforte zusammengestellt hat, wie Gerümpel. Auch die Mönche mögen das so empfunden haben.

Der alte Zoologieprofessor in der ausgeblichenen dunklen Kutte, der alle Balustraden und Simse mit Alraunen und Fetischen bevölkert hat, Naturschöpfungen, wie er sie nennt: Wurzeln und Muscheln, Tiere aus Steinen, Zapfen und Ästen, denen er Augen und Schnäbel, Schwanzfedern und Hufe, Rückenschilde und Flügel gab, vielleicht auch eine Seele, so wie es der Heilige Franz von Assisi getan hätte. Dieser alte Mann gab auch dem Baum die Schlange: einen gewundenen Ast, grün gefärbt und lackiert, die sich über die Schulter eines schmalbrüstigen Astes und eines hohen Zweiges herunterbiegt, und die uns ihre Versuchung erneut zuflüstert.

Wie weich der Boden ist rings um den alten Baum. Schichten aus Nadeln, verrotteten Zweigen und Zapfen, jahrhundertealter Humus. Die Erde duftet, rinnt wie Sand zwischen den Fingern hindurch. Die Erde ist weich wie ein verstreuter Ameisenhaufen und voller Leben. – Leben? – Zigarettenkippen und Cellophanpapier, weggeworfene Mineralwasserverschlüsse – Menschen. Wir sind nicht die ersten, wir sind nicht die einzigen hier. Und nicht einmal die Mönche, die letzten vier in diesem Kloster, genießen das Privileg der Ungestörtheit, der Stille, der Meditation.

Sie sind nur Geduldete in ihren eigenen Mauern, sterben langsam aus – ohne Nachwuchs, ohne eine Funktion in dieser neuen, sozialistischen Gesellschaft, in dieser säkularisierten Welt, in der die Besucher nur noch in Kirchen und Klöster strömen, um verwaschenen Vorstellungen, die sie von Bildung haben, von dem, was man auf Reisen gesehen haben muß, ihren dürftigen Tribut zu zollen. Mit dem Kauf von Ansichtspostkarten für weniger bevorzugte Mitmenschen; mit der fotografischen Besitzergreifung alter Architektur, die man gelangweilten Zeitgenossen an fernsehschwachen Winterabenden mit dem Stolz der Entdecker vorführt. Vielleicht mit einer milden Gabe für die Klosterkasse.

Aber sie bleiben nie lange; fallen ein wie ein Hornissenschwarm, fassen alles an, mit ihren Augen, mit ihren Händen, bleiben ein paar mal, wie plötzlich fixiert, stehen, rücken sich zurecht, werden so eingefangen für die kleine Ewigkeit eines Fotoalbums: Der erfrischende Trunk aus der Klosterzisterne, frühes 15. Jahrhundert. Dann gehen sie wieder, lärmend, lachend, manche ein wenig verlegen, ein bisschen unsicher, nach so viel Altertum vielleicht auch angerührt vom „Ewigen", von der Vergänglichkeit ihres eigenen Daseins, ohne es zu wissen.

Der Tag wird reif. Die alte Sonnenuhr im Klosterhof wirft schon ihren Schatten auf die römische Zwölf: Mittagszeit. Die Mönche kommen aus dem Weingarten zurück, in groben Sandalen, mit wehenden, langsamen Schritten; ein jüngerer Mann mit Brille kommt mit einem alten Buch unter dem Arm.

Stunde der Meditation oder Mittagsmahl?

Senkrecht steht die Sonne im Hof. Der alte Brunnen hat seinen Schatten verloren, und das Wasser in den steinernen Überläufern verdunstet langsam. Der Wasserspiegel in der Zisterne ist so tief gesunken, dass er kein Bild zurück gibt, nur dunkle Bewegung, wenn du dich über den Rand beugst ...

Wiedersehen mit Jugowina

Hier, so dachte ich
ändert sich nichts, die Steine sind noch warm vom letzten Sommer
und auch die schnellen Schwalben
über der Piazza
täuschen Bewegung nur vor

Im Schatten des venezianischen Uhrturms
schläft, ungestört wie vor Titos Tod
der Sozialismus, behütet
von der Bäuerin aus Kosovo
die aus ungefärbter Schafwolle dicke Strümpfe strickt

ein alter Western im Kino
wo habe ich ihn schon gesehen?
Die Hüpfespiele der Kinder
Himmel und Hölle, der Karnevalshut
des Kapitäns kommen mir vertraut vor

*Die kleinen Boote fahren
wie immer zu noch kleineren Inseln
bis schließlich vor dem offenen Meer
die Zeit zu atmen beginnt
für Stunden und ruhig*

*Wenn die Nackten
aus den Städten, die kamen um Sonne zu tanken
hier eine Wolke entdecken
oder ihren Nachbarn
bricht Panik aus*

*Nur die Vermehrung der Feuerquallen in den Buchten
oder das Lachen der Schulmädchen, die
auf dem Heimweg ihre bunten Plastikranzen wirbeln
deuten vielleicht auf Veränderungen
im kommenden Jahr*

Warum sind wir wieder nach Hvar gekommen?

Seit 1961 ungezählte Sommer. Jetzt, gegen sechs Uhr spätnachmittags, ist es sommerlich warm. Das Meer liegt im leichten Dunst, der alle Konturen weich zeichnet; pastellfarbene, sonnenwarme Steinfassaden, Dachziegel in rhythmischen Strukturen.

Die Masten der Segelyachten bewegen sich leise in der leichten, angenehmen Brise, die selten hier fehlt. Wir selbst: satt vom Sonnen und Schwimmen in kristallklarem, nie zu kühlem Wasser, durch das man in den Buchten oft bis auf den Grund sehen kann und das sich türkisfarben über dem Sand aufhellt. Es gibt wieder Fischschwärme, die in den Südbuchten nahe ans Ufer herankommen, in Jerolim bis an die Mole und arglos dem Angler an den Haken gehen.

Landschaft, Natur, Stadtarchitektur – einzigartig miteinander verquickt: von der Terrasse des Stadthotels aus geht der Blick auf das älteste Theater Dalmatiens, vielleicht Europas, und zugleich auf die Gruppe der kleinen vorgelagerten Inseln, auf denen die Menschen, vergeblich, zurück zur Natur zu kommen versuchen, indem sie, völlig unvermittelt ihre Blusen und Hosen ausziehen, wenn sie vom Boot aus an Land gegangen sind. So geht das natürlich nicht ohne kleine und größere Katastrophen ab, von denen der brandrote Rücken, die sonnenverbrannten Brüste nur der äußerlichste Ausdruck sind.

Mensch und Natur – was für ein Missverständnis!

Die Sonnenanbeter rauchen sich zu Tode, die Nacktbader werfen ihre Kippen ins Meer, die Naturfreunde hätten am liebsten Besitztitel für ihren Liegefelsen, eingetragen im heimischen bundesrepublikanischen Katasteramt. Der Duft von Bayers Delial überwältigt den Duft der Pinien, und Zigarettenrauch erstickt den Geruch von Lavendel und Rosmarin.

Nichts Neues unterm blauen Himmel!

Und doch – ein paar Buchten weiter – unser Paradies! Also: Warum also sind wir wieder nach Hvar gekommen?

Maslinica – auf Šolta

Mitte der sechziger Jahre wurde Hvar zu einer Dauerbaustelle und die einmalige Piazza zu einem einzigen Parkplatz. Die verständliche Begeisterung für die schöne Insel verwandelte die kleine Stadt in der Urlaubszeit in einen lärmenden Rummelplatz. Jeder freie Raum wurde doppelt und dreifach genutzt. Keine Nacht ohne Musik aus voll aufgedrehten Lautsprechern; die kleine Leuchtturminsel wurde zur Disco. Wie sollte man damit zurecht kommen, wenn man nicht die Nächte durchtanzen wollte? „Unsere Familie" wusste selbstlos Rat: sie empfahl uns die in puncto Tourismus noch unterentwickelte Nachbarinsel Šolta, wo es viele Verwandte, insbesondere Ivo, den jüngeren Bruder unserer Hausfrau mit seiner jungen Familie gab. Dort, in Maslinica also, im Hause Jurić verbrachten wir einige Jahre bis auch dort die „Entwicklung" nicht mehr aufzuhalten war, und wir beschlossen, mit einem Wanderboot unabhängig zu werden. Immer auch in der Hoffnung, dass unsere Lieblingsinsel eines Tages wieder ihr Gleichgewicht finden könnte.

Zurück zur Natur: So werden wir eingestimmt auf die Eigenart der Landschaft: Felseninseln, Macchia, salziges Wasser. Warum sind wir gekommen? Wir wissen es bald nicht mehr.

Vielleicht um die Eidechsen zu füttern. Anfangs müssen sie uns für Möwen gehalten haben, denn die kleine Insel ist unbewohnt, nur Felsen und Macchia. Aber je öfter wir dort mit unserem Boot anlegten, um so gewisser wurde es wohl für sie, dass wir nicht gekommen waren, sie zu jagen. Anfangs waren sie scheu, huschten unter die Steine, machten ihrem Ruf alle Ehre. Nun trauen sie sich heran; erst an unsere Füße. Am großen Zeh dann: das grüne Köpfchen streckt die schwarze Zunge heraus, leckt am roten Lack. Jetzt wird ihr Geruchssinn wach – Birnenschalen, Apfelsinenstücke – nicht lange, dann kommen sie aus allen Richtungen, eine, zwei, drei, vier – und verfallen in einen Genussrausch, hemmungslos. Nun fressen sie aus der Hand. Und wenn man einen Tropfen Süßwasser in die Handfläche gießt, dann klettern sie mit weit abgespreizten Däumchen herauf und trinken sich satt. Die schwarze Zunge leckt immer wieder rundum den letzten Tropfen Feuchtigkeit aus den Handlinien, der spitze Dreieckskopf glänzt in der Sonne ...

Wer eine unberührte Natur sucht, der findet sie vielleicht noch hier: Es gibt Inseln, die nur selten, wenn je, ein Menschenfuß betritt. Ein Kranz scharfer spitzer Steine hat diese hier vor menschlichen Liebhabern bewahrt. Nun dient sie einem Fischer als Eselsweide, im Sommer, wenn er mit Touristen und Fischen beschäftigt, wenig Zeit für Feld und Garten hat. Wir kennen ihn gut, sind Freunde und erbieten uns, das Trinkwasser herüber zubringen: 10 Liter täglich trinkt der graue Genosse; sein Futter besorgt er sich selbst. Wie, bleibt ein Rätsel.

Als wir uns mit dem Boot, und dem Süßwassereimer nähern, steigt er zwischen den Felsenspitzen herunter ans Meer. Wir sehen ihn schon mit zerbrochenen Hufen am Wasser liegen, aber nein, seine Geschicklichkeit straft die Dummheit, die man ihm zuschreibt, Lügen. Groß wie Suppentassen sind seine Nüstern und ohne anzuhalten, mit triefenden Lefzen, trinkt er den Eimer leer. Jetzt weiß ich, was Durst ist!

Wie ein Pfadfinder nach vollbrachter guter Tat legen wir befriedigt über unsere Aktion ab. So weit die Insel reicht, trabt er noch neben uns her. Die Panik, der Angstschweiß sind schnell vergessen: wie kommt man an einem immer noch vom Durst besessenen Esel vorbei, wenn man auf spitzem Felsengrat balanciert?!

Delphine, Delphine

Zuerst tauchte nur ein dunkles Dreieck auf. – Ecke einer schwimmenden Kiste? – Nein. Eine hochgestellte Flosse. Ein Hai?! Dann gibt es keinen Zweifel mehr: Ein Delphin, dann zwei, drei vor der Insel Šolta, noch etliche hundert Meter vom Boot entfernt.

Die Bewegungen sind schnell, aber ruhig. Kraftvolle Schwünge, parataktisch zu den großen, flachen Wellen der See, so dass ihre Rückenflossen wie starke Segel über den silbergrauen, gebogenen Körpern aufstehen; die dunklen, glänzenden Nasen tauchen aus dem Wasser auf und verschwinden unter der nächsten Welle. Wir schwimmen nahe am Boot, um sicher zu sein, sehen sie nicht mehr. Kaum draußen auf den Steinen kommen sie dann: ganz nahe, an den Rand der Insel, da wo die helle Wasserzone aufhört und die Felsen rasch in die Tiefe abfallen, keine 8 bis 10 Meter entfernt, beinahe noch in Reichweite der Ankerschnur.

Wir halten den Atem an, als sie an uns vorüber schwimmen, so als gäbe es uns nicht. Inzwischen zählen wir fünf oder sechs; drei sind meist gleichzeitig sichtbar (im Rhythmus einer Gymnastikstunde): eine Schule Delphine! Dann stehen sie gegen die Strömung – zwischen den kleineren Inseln – *der Steckmuschel-, der Schlangen-, der Eselsinsel* – und räubern die Netze aus. Die großen Risse, die jeden Tag von den Fischern mühsam zusammengeflickt werden müssen, finden ihre Erklärung in solchen Besuchen; es sind keine Wassergespenster, wirklich nicht! – oft hinterlassen sie kaum eine Mahlzeit für die Fischer.)

Wir hätten sie anrufen sollen, um zu sehen, wie sie auf uns reagieren, um zu erfahren, ob ihr Gehirn wirklich so ansprechbar ist? – wie erzählt wird. Man sagt ihnen sagenhafte Eigenschaften nach, menschliche. (Ob es wohl stimmt, dass man sie deshalb bereits für Kamikaze-Aktionen gegen feindliche Schiffe dressiert hat?! – für den Krieg in Vietnam?)

Das Ritual

Man bleibt gern im Schatten, auch wenn es so windig ist wie heute. Aber von der Mauer aus überblickt man das Ritual – zwischen Dreiviertelfünf und Fünf verläuft es täglich nach den gleichen Regeln. Und das ist nicht weiter verwunderlich, auch wenn die Akteure wechseln. Sie vollziehen einen quasi-mythischen Akt: sie nehmen Abschied voneinander.

Vielleicht nur für zwei, drei Tage, vielleicht für ein Jahr, vielleicht für immer.

Aber eine Ahnung beschleicht sie alle, auch wenn sie mit Lachen und lautem Reden davon abzulenken versuchen. Etwas ist unwiederbringlich vorbei. Eine Markierung ist gesetzt dafür, dass Zeit nichts ist, was man grenzenlos hat, auch wenn die Tage hier lange einander gleichen mögen, auch wenn man sie gern ineinander verfließen lässt, um wenigstens für eine kleine Weile zu vergessen, wie kurz sie sind. Von der Treppe aus sieht man sie zusammenkommen, erst tröpfelnd, dann rascher. Viele bekannte Gesichter. Professor Lukić und Frau Jerka sind heute dran. Und ein schönes blondes Mädchen in roten Hosen, sicherlich aus Zagreb, umringt von Freunden und Verwandten, unserem Hauswirt und gelangweilten Feriengästen.

Küssen, Schnattern, Schnattern, Umarmen, Küssen.

Stipe kommt, heute ohne sein motormüdes Dreirad. Ivo macht sich nützlich, rückt auf dem Deck ein paar Sachen zurecht, steht mit verschränkten Armen vor der Gruppe hübscher Minimädchen, seinen Nichten und Nachbarskindern, eins hübscher als das andere. Zeliko, unerbittlich mit Leinen beschäftigt. Mit ernsten Bewegungen macht er ein Bootsseil von der Balje los. Es ist nicht das dicke Bootsseil der Vranjak, aber sie ruckt und muckt schon vom Maschinenraum her. Die Abschiedgeber küssen noch einmal heftig reihum die Abschiednehmenden.

Je näher das Ende kommt, je trauriger alle sein müssten, um so mehr lachen und lärmen sie, übertönen ihren Schmerz, ihre Zuneigung, ihre Erleichterung.

Ein besonnener Mann macht große scheuchende Bewegungen mit den Armen: nun macht schon Kinder, los aufs Schiff!

Noch einmal kommen die kleinen Grüppchen aus dem Tritt, wirbeln durcheinander; dann formiert sich eine Traube an der offenen Reling, und die letzten Hände reißen sich los vom Pier. Jetzt erst beginnt das große genüssliche Abschiednehmen – alles bisherige war nur ein Vorspiel: Zurufe, Kusshände, Winken, Winken und wieder Winken, Kusshände, Winken. Überall wachsen Arme aus der Menge, auf dem Schiff, am Pier, auf den Treppen der Häuser, am Badestrand zwischen den Büschen, auf dem steinigen Hausweg, aus den Fenstern – einzeln, mit Tüchern, Doppelhände, Doppelarme, ein Furioso des Winkens, das sich verselbständigt, sich ablöst von den rufenden Mündern, den suchenden Augen, den Abschiedsgefühlen und -schmerzen, ein begeistertes, lustvoll rhythmisches Kreuzen der Arme über dem Kopf, eine Weile noch begleitet von den Beinen, die im Sog des abfahrenden Dampfers mitgenommen werden, mitlaufen am Ufer, Schritt für Schritt ...

Aber die Gemüter der Abschiedgeber sind schon wieder abgenabelt; mechanisch läuft das Winken noch einige Minuten lang weiter, bis die schwarze Schiffssilhouette aus der Sonnenschneise heraus hinter der Inselspitze verschwunden ist.

„Ein schöner Abschied!" hört man sich seufzen, Tag für Tag. „Ein schöner Abschied!"

Es war das Festival der Abschiedgeber, ihre große Viertelstunde. Das Ritual des ewigen Weiterschreitens und -wanderns, aus der Begrenztheit menschlicher Dinge, irgendwie allen vergegenwärtigt und wieder aufgehoben im Alltag bis zum nächsten Schiff.

Don Ante

Zurückgeblieben am Kai: Don Ante. Über seiner verstaubten Soutane ein abgetragenes Tweedjacket, schon unterm weißen Sturzhelm – ein Engel Gabriel auf dem Motorrad, wenn man denn dies schwächliche grüne Rad mit Motorantrieb, das ihn von Messe zu Messe, von Taufe zu Taufe und zur letzten Ölung fährt, so nennen will.

Noch in den Redefluss einer üppigen Dalmatinerin eingesponnen, festgesaugt, trotz kleinen hilfesuchenden Gasstößen aus der Maschine, angenagelt durch ihr Mitteilungsbedürfnis, Don Ante scheint sich nicht bremsen zu lassen. Beichte unter Gottes geöffnetem Himmel. Der Priester hört mit unbewegtem Helm zu, seine Hände aber, nicht zum Gebet gefaltet, gehorchen anderen Herren. Langsam verkürzen sich die Abstände zwischen dem Gasgeben, die Sandalen verselbstständigen sich auf Pedale und Sand – aber die dicke Frau kann kein Ende finden.

Pater auf Šolta sein: eine harte Nuss für den 28-Jährigen aus dem Süden des Landes. Drei Dörfer voller zerstrittener Familien: Gottloser, Katholiken, Kommunisten, Touristen, ehemaliger Partisanen und Heuchler, Frommer, Dummer ...

Weitab vom Schutz und Schirm der Hierarchie (also frei), aber er will Bischof werden und schwärmt für den Zölibat.

In Donje Selo hat er ein Haus, drei Hühner und ein paar Habseligkeiten, wirtschaftet für sich, bürstet sich seine Soutane (dann und wann), brät ein Ei ... hat in der Woche viel Zeit; eine Messe täglich im Dorf, am Sonntag drei in den Dörfern der Nachbarschaft, eine nach der anderen. Inzwischen sitzt er herum bei den Leuten, wirbt für den lieben Gott. Ein schönes Brot! – und wenn man dazu Muscheln hat, in Petersilie und Knoblauch gekocht, bei guten Katholiken, ist es auszuhalten, das Leben hier.

Einige Stunden heute früh an der Spitze der Insel hat er die Muscheln aus den Steinen geholt, ist vier Meter mit dem Hammer getaucht, hat sie am Felsen zerschlagen mit einer Art Pinzette herausgeholt. So lädt man sich selber zu Gast als großzügiger Spender solcher Delikatessen.

Oder er geht mit der Harpune fischen, die er in Katicas Schuppen aufbewahrt. Ein grünes Mordinstrument – die Fische sind ohne Seele! – mit selbst gelöteten Widerhaken. So lebt er – Gott zur Ehre – eine ausbalancierte Mischung aus savoir vivre und echter Askese. Besonders an einem Nachmittag wie heute, wo er die Rollen wechselt wie seine einfachen Kleider: hemdsärmelig pokulierend am Mittagstisch, in blauer Badehose am Strand, im Dienstanzug auf dem Rad in seiner viel zu breiten Soutane.

Sommerliche Tauschangebote

*Drei weiße Kaninchen
auf meiner kleinen Insel gegen
eine Wasserratte*

*Eine Riesenschildkröte gegen
einen starken Mann der unverhofft
mit schwarzen Flossen aus dem Wasser
auftaucht*

*Einen jungen Esel – vielleicht –
für einen Gärtner der
aromatische Tomaten erntet*

*Ein oder zwei Sardellen
für einen Fischhaken
aus Stahl*

*Zahme Eidechsen ungezählte
Sonnen gegen dunkle verwirrte
Ligusterschwärmer*

*Schischmische – zärtliche Namen
voller Poesie für oder gegen eine Fischmahlzeit
bei Katica*

*Mauergeckos
im Lampenlicht grell
beleuchtete Embryos die
meine Fliegen fangen
gegen
kleine Katzengesichter die sich
auf jeden Fischkopf stürzen*

*unvermittelt
zu meinen Füßen
aufblühende Unterwasserrosen
für oder gegen
halbe Sätze
Satzanfänge
einen Doppelsatz*

„Prager Sommer" 1968

Die ersten Gesprächsfetzen trafen mich wie ein Schlag: „dass wieder Blut fließen wird ... von Truppen besetzt ... Dubceks Rechnungen gehen nicht auf."

Draußen das Meer, blau und friedlich, ein strahlender Sommertag mit dem gewohnten Adriahimmel. Was ist los – um alles in der Welt?! Wir fragen Stipe unten am Schuppen. Nichts. Ja, um 13 Uhr gibt es Nachrichten.

Die Tschechen sind erst wenige Tage hier, haben sich vor der Bora in den Windschatten des Hauses geflüchtet. (Bis zur Stunde wusste man nicht, wer aus welchem Land gekommen war. Österreich, Jugoslawien, CSSR – die alte Donaumonarchie.) Erregung und Unruhe in ihrem Sprechen. Ich frage eine alte Dame mit Strohhut, die auf der Mole hockt. Nein, sie weiß nichts, irgendetwas Furchtbares zu Hause, die Russen – aber was? Wenn Sie etwas hören – bitte! Plötzlich, unvermittelt Kontakte zwischen den Touristen. Keiner weiß etwas Genaues, aber alle fürchten das Schlimmste: die Russen intervenieren. Wie ein Faustschlag in den Magen trifft es uns. Alle. Sprachlosigkeit.

Aber „wir wollen uns doch nicht verrückt machen lassen" ... hilflose Trostworte. Wer weiß, alles nur Gerüchte, ein Missverständnis – so viele Sprachen! Aber die Engländer drüben in dem kleinen Hotel haben es auch gesagt: „wie damals in Ungarn ..." Kann man Radio hören? Der Transistor reicht nicht. Stimmengewirr. Es ist nicht zu fassen, wenn es wahr ist. Und wenn es wahr ist?! Das wäre das Vietnam Russlands! – die imperialistische Großmacht zeigt ihr wahres Gesicht. Die USA in Guatemala, Santo Domingo, Panama und nun in Vietnam. Die UDSSR nach Lettland, den Satelliten und Ungarn nun hier, mitten in Europa?!

Wenn das wahr ist, dann Gute Nacht Europa!

Und es ist wahr, soviel ist sicher: die Stimmen von Radio Zagreb, Nachrichtendienst um 13 Uhr, sprechen nur von der ČSSR, von Prag, „okupirati", *Rude Pravo, Aerodrome*, „intervention" und von der Demokratischen Deutschen Republik, (diesem Einpeitscher unter den stalinistischen Dogmatikern.) Die Übersetzung gelingt nicht. Bei Tisch keine Diskussion. Nicht nur mit denen, die ohnehin wussten, wie solche Experimente in kommunistischen Ländern auszugehen pflegten.

Unsere Bootsfahrt über das glänzende Wasser hat etwas Gespenstisches. Die Sonne über den Gebirgszügen auf dem Festland strahlt nicht mehr über einer verzauberten Ferienwelt. Der blaue Himmel – so wurde er von Dali gemalt in seinen schrecklichen Bild-Vorahnungen des spanischen Bürgerkriegs 1936. Oder hinter den gedächtnislosen Uhren, die wie Sirup ins Nichts tropfen.

Wie werden die Folgen sein in Deutschland? Innenpolitisch: Rückkehr zum kalten Krieg? Die deutsche Linke – wie wird es sie treffen? – Spalten?! – Die Ewiggestrigen werden sie sich die Hände reiben und noch mehr Mittel für die Rüstung anfordern?

Nach dem Mittagessen unten am Strand: Gerüchte und Informationen, gedrosselte Gespräche mit den Tschechen, ein älterer Herr umständlich dabei Auskunft zu geben. Ein blasses junges Ehepaar aus Bielefeld, ein kleiner Junge, der nichts versteht, hocken vor ihm auf den Steinen. Ich komme dazu. „Ja, es stimmt. Alle Grenzen sind gesperrt. Die Russen, Polen, Ungarn, Bulgaren und die Ostdeutschen – alle fünf ‚Bruderländer' sind einmarschiert." – Mit welcher Begründung? – „Ich weiß es nicht, wir haben doch keinem was getan, wir wollen doch nur leben." Begründung?! – „Dass sie den Sozialismus bei uns retten ... Schöner Sozialismus! Schöne Brüder! Als ich im Winter in Polen war ..." Und nun kommen Episoden und Berichte über die unzufriedenen Nachbarn. „Was wir brauchen, das ist ein polnischer Dubček ..." Klare Auskünfte sind das nicht. Die Erregung ist zu groß, aber auch dieser ältere Bürger der ČSSR gab Dubček „bestimmt 90% der Stimmen."

Noch vor einer Woche waren wir mit einem jüngeren Tschechen, der ihm sogar 95% aller Stimmen, auch der Nichtkommunisten, geben wollte, ins Gespräch gekommen; er schien viel in sozialistischen Ländern herumgekommen zu sein, vielleicht als Ingenieur, kannte sich gut aus in den wirtschaftlichen und politischen Problemen, sagte, als wir über den jugoslawischen „Anarcholiberalismus" und seine darwinistischen Auswüchse sprachen, „das wäre für uns schon viel, das reinste Zuckerschlecken; wir hatten 600 KZs in unserem Land! In unserem kleinen Land! Stellen Sie sich vor!" Man merkte ihm an, wie stolz er war, als er auf unsere Frage antworten konnte, „Ja, jetzt ist alles ausgestanden!"

Nun dies. Zuerst wollte es niemand recht glauben. Es konnte doch nur ein Missverständnis sein – oder? Wer wird uns helfen? Niemand! Niemand kann uns helfen, das weißt du doch! – Zwiegespräch zwischen Mann und Frau. Als ich irgendetwas sagen will, fallen mir nur tröstliche Klischees ein, so sprachlos bin ich. Der Frau laufen dicke Tränen übers Gesicht, und sie versteckt ihr Gesicht auf der bunten Luftmatratze.

Abends dann auf Informationsjagd: im Hotel nur Bruchstücke, die das Schreckliche bestätigen: Die Russen sind einmarschiert. Überall wird am Radio gedreht, am Transistor. Um 20 Uhr soll es im touristischen Büro, beziehungsweise im Gemeindesaal dazu eine Fernsehrede von Tito geben. Abends dann dort die Nachrichten, Bildberichte aus jugoslawischen Betrieben, in denen Arbeiter zu den Ereignissen in der ČSSR ihre Meinung sagen.

Der kleine Raum ist vollgestopft; Kinder hocken auf dem Holzfußboden oder unter dem Tisch. Hinten an der Wand stehen die Männer mit verschränkten Armen, überall besorgte Tschechen zwischen den bekannten Gesichtern aus dem Dorf. Vojko, der Ortskommunist, einziges eingeschriebenes Parteimitglied, gleich vorn am Fenster; er sorgt auch durch freundliches Zischen bei den Kindern für Ruhe. In solchen Momenten, das sieht man, fühlt er sich verantwortlich für die ordnungsgemäße Abwicklung des Notwendigen. An der offenen Tür drängen sich die Leute. Ivo unter ihnen.

Normalerweise wird hier nur über Dreierlei gesprochen, über Fische, über Winde und über die Touristen. Aber als wir in Ivos Küche kommen, kurz vor Beginn der Sendung, waren die Männer schon im Gespräch über die Ereignisse, und wir brachen rasch auf. Marija, mit Lockenwicklern im Haar – sie hat so viele weibliche Verwandte aus der Stadt zu Besuch, da will sie auch nicht ganz abfallen, will auch ein bisschen schick sein – Marija weiß nur, dass das alles „strašno", schrecklich ist, „ganz furchtbar für uns alle." Krieg und Frieden – auf diese Frage sprechen hier alle an; dann aber ist auch ihr politischer Horizont meist zu Ende.

Am nächsten morgen ist der Strand fast leer. Auf den Mauerzinnen des kleinen Burghotels Avlija sitzen sie nun, eine kleine verstörte Feriengemeinde, und hören tschechische Nachrichten; dieses für unsere Ohren leicht hart und unmelodiös klingende Idiom entspricht der Situation, so als könne es nur immer wieder Angst und Unterdrückung zum Ausdruck bringen. (So muss einem Schwerhörigen zu Mute sein, der sich ausgeschlossen fühlt vom sozialen Kontakt.)

Intermezzo

Besuch mit Ivos Boot in Split: man möchte sich gern ablenken lassen. Auf der Promenade drängen sich die Menschen um einen Glaskasten. Originalaufnahmen aus Prag. Sowjetische Truppen im Laufschritt. Kommentar der Jugoslawen: „Ein Bild wie 1939, als Hitler das Land überfiel." Ein Panzer, der ein querstehendes Auto niederwalzt. Feuerwehr beim Löschen eines Brandes – wie nach einem Bombenangriff. Die Zuschauer zeigen ihre Erregung, sind empört. Als ich in einem Ledergeschäft später eine Pelzweste beschreibe – wie es sie in Bulgarien gibt – sagt der Verkäufer sarkastisch, „Ja, jetzt haben sie die Tschechoslowakei". So rasch und so bitter sind die Assoziationen.

Dorfgeschichten

Hundemord in Maslinica

In der dritten Nacht nun Hundegebell. Dann die große Stille. Aber der abgängig gemeldete Hund liegt weder erdrosselt hinter dem Schulhaus, noch aufgedunsen in der Müllgrube. (Dann hätte man ihn doch wohl mit kaum verhohlenem Triumpfgeheul herausgezogen, verscharrt oder ins Meer geworfen.) Nein! Da man weder die kleine braune Leiche, noch den Hund am nächsten Tag fand, blieb viel Raum für Spekulationen, die schließlich alle die Form von Verdächtigungen annahmen:
Wer ...? Doch nicht etwa die Lehrerin? Warum ...? Und wie ...?

Als der Milizionär in der Küche der Katica Mordanklage erhob, verstummte auch der in Aussicht genommene Hundemörder. Dem Sturm der aufgeregten Stimmen folgte eine unendlich eindrucksvolle und ewige Sekunde der Sprachlosigkeit. Ein Hund, gewiss. Mochte er ums Leben gekommen sein. Wenn nicht Gott, so doch die Wände im Haus hatten vernommen, was sich zugetragen hatte in jenen schrecklichen Stunden kurz nach Mitternacht, als eine Hundeseele wie von Sinnen mit dem Mond zu kommunizieren trachtete.

Wer hatte dieser inbrünstigen Zwiesprache zwischen der verwirrten Kreatur und den zeitlosen, wenn auch pünktlichen Mächten des Himmels mit brutaler Faust ein Ende gesetzt?!

Als Stipe am nächsten Morgen die starken Arme vor der Brust erst kreuzte, dann ruckartig auseinander spannte, als verknote er einen Sack, da wartete niemand mehr auf das knackende kurze Schnalzen im hinterem Gaumen, um das Schreckliche zu ahnen. Aber alle schweigen. Ein Hund, immerhin. Zum Rätsel wurde der Fall aber mit der Ankunft des Amtswalters, der, offiziell dazu befugt, die Abgängigkeit des Hundes in dem Sinne konstatierte, den Stipes Schnalzen zwar angedeutet, für den der Amtswalter jedoch keine Beweise vorgelegt hatte. Und für den er nach Wiederauftauchen des Abgängigen schließlich alle Beweise schuldig bleiben musste.

Die Lehrerin allerdings (– ich muss mich zum Schluss korrigieren –) hatte Verstand genug zu verstehen, was anhängig war in diesem feierlichen

Moment. Sie sprach kein Wort. Nachts schläft sie, alles Irdische und Ewige tief vergrabend, gut in ihrem Schulhaus. Sie war nicht boshaft, keine Hexe. Sie dreht sich einfach auf die andere Seite, zieht die Zipfel über ihre inzwischen von schwarzen Zöpfen nächtlich entblößten Mädchenohren, während sie ihren Beschützer mit dem vollen Mond kommunizieren lässt, nicht weiter lauschend auf ihre verstörten, schlafsüchtigen Nachbarn.

Strandleben – Der Neue

Er war mitteilungsfreudig. In einer halben Stunde konntest du alles über sein Leben erfahren. Und die Erfahrungen, die er gemacht hatte, bestanden darin, dass er anderen aus seinem Leben erzählte. Und diejenigen, die ihm zuhörten, hatten alle Aussicht zum Bestandteil seiner Biographie zu werden.

So war es kein Wunder, dass sich schnell ein Kreis um ihn gebildet hatte. Er stand breitbeinig in seiner reinwollenen Badehose am Rande der Mole; es mochte ihm zukommen, dass er beinahe alle seine Zuhörer überragte. Und man musste ihm zugestehen, dass auch sein Stimmumfang einer größeren Ansammlung gewachsen gewesen wäre, hätte es auf der Mole mehr Raum dafür gegeben. Es schien ihm gar nicht darauf anzukommen, sich zu verschwenden, zu luxurieren. Vielmehr lag es nahe, zu vermuten, dass ihm eine gewisse Großzügigkeit eignete, die er unter diesen Umständen bereitwillig veröffentlichte. Ja, sicher, es würde ihm ein Vergnügen sein. Die teils älteren, teils jüngeren Badejünger – es gab tatsächlich auch eine ältere Dame unter ihnen – lauschten diesem breitbeinigen Bericht mit wirklicher Ergriffenheit und Anteilnahme, während die Gattin betont unauffällig im Stillen mitwirkte ..

Freude machen

Die Freude, anderen eine Freude zu machen:
In der Slastičarna herrscht große Aufregung: Ein großer Mann lädt alle ein: „Sie kaufen! – ich bezahle alles!"
Niemand kennt den Grund. Er sagt, er hätte seine Unschuld verloren...
Nach dem spendablen Intermezzo verlässt der große, feierlich in einen

grauen Anzug und mit einer blauen Schirmmütze gekleidete Mann das Strandcafé mit großen elastischen Schritten, ein kopfschüttelnd staunendes, genüsslich Eis schleckendes Publikum zurücklassend.
Jetzt können wir dazu Geschichten erfinden!

Glücksspiel – Dalmatinski šunkan

Kaum dass man mit den Augen über den Tresen gucken kann, oder wenn man kleiner ist, durch die verschmierten Scheiben.
So erblickt man ihn: Noch ist er gut durchwachsen, doch Scheibe um Scheibe verändert sich das Bild; mit jedem Schnitt gehen zwanzig Augenpaare mit. Vorn, wo das lange Messer etwas Schwarte ablöst oder ausschneidet, ist der Start. Mit kräftigen Händen wird es dann durchgezogen oder es rutscht ab: nur weißes, fettes ungewünschtes Schinkenfleisch wird aufs Papier geworfen.
Umgekehrt: schon fünf Schnitte dunkles trockenes Fleisch zur Freude des einen, der gerade bedient wird, neidvoll betrachtet von den anderen; voller Sorge, wie das mit dem Glückspiel für sie steht, und ob es wenigstens ein Glücksspiel für sie ist. Ob es für alle überhaupt so etwas gibt.

Fischer aus Šolta
für Ivo J.

Ich habe seinesgleichen
nie gekannt

In meiner Kinderzeit zählten
Beamte Offiziere und solche
Leute die
mit der Technik vertraut sind

auch der
des Tötens

Sie hingegen
waren Fabelwesen
mit Netzen und Lampen

oder sie standen
im Blau einer Postkarte
mit einem riesigen Fisch
unterm Kinn

Ihre Sonne hieß Capri
ihr Mond sprach
Italienisch
ihr Meer war ein beliebtes
Motiv

Ich habe seinesgleichen
nie gekannt

Sie standen sich selber
im Licht
unsrer vorgefertigten Träume

*Ihre Gesichter waren immer
zu männlich ihre Fische
zu groß ihre Boote
zu frisch bemalt*

*Ich hatte ihn nie
beachtet
bis ich plötzlich
erschrak:*

*denn er ist kein Fischer
wenn er den Olivenbaum düngt kein Bauer
wenn er die Netze flickt*

*wenn er mit seinem Sohn spielt
ist er kein Angestellter
des Kombinats kein Genosse
wenn er
noch vor dem Regen
das trockene Holz am Hafen stapelt*

*weil er sich auskennt
und einsieht was er
zu tun hat und wann*

*und immer nur
lacht
wenn einer
das
tüchtig findet*

Notiz Mariä-Himmelfahrt: Nach dem Gewitter nachts hängen die Wolken schwer und grau über der Insel. Man mag keinen Pfifferling geben für diesen Tag. Kühler Wind, die Steinplatten vor dem Haus stehen unter Wasser. Alle Farben aber von einer Intensität, die unglaubhaft wirkt. Veilchenfarben das Meer; gegen den schon himmelblauen Horizont ein dunkler Strich, richtiger ein Dreieck, die Uskokeninsel, tiefblau abgesetzt gegen die helle Fläche des Himmels. Sonst alle Inseln nahe gerückt: Vis, Biševo, Hvar. Das Boot liegt mit Schlagseite im Kies, der Regen hat es fast zur Hälfte gefüllt und schräg von den Bohlen abgleiten lassen. Mit Schlauch, Pott, Maske und der Hilfe Želikos wird es wieder flott gemacht. Zur Himmelfahrt auf dem Meer

Schiffe, Boote und ein Kahn

Einer meint: die Reiter
Ein anderer Fußvolk
Mancher:
Schiffe seien der dunklen Erde
schönstes Gut
   Sappho

Früher hießen die Schiffe hier „*Partizanka*" und „*Jedinstvo*". Heute will niemand mehr etwas von dem *Roten Stern* wissen, der seit vier Jahrzehnten das Symbol des Freiheitskampfes und der Einheit des Landes war. Die „Partisanin" und die „Einheit" kreuzen nun unter neuen Namen an der Küste Dalmatiens. Es sind die gleichen Schiffe, auf denen wir in den letzten Jahrzehnten gereist sind, etwas älter geworden, aber noch immer funktionstüchtig, oft mit der gleichen Besatzung und dem gleichen Kapitän. Der Rote Stern der jugoslawischen Schifffahrtslinie ist zwar verschwunden, aber Veränderungen brauchen ihre Zeit.

Und es ging alles sehr schnell, wohl viel zu schnell. Titos Vielvölkerstaat, eine schöne Idee, die als *Jugoslawien* vor allem in der Dritten Welt Ansehen genossen hatte, war schon lange brüchig, wurde von seinen Teilstaaten mehr und mehr als Völkergefängnis empfunden. Die Erinnerung an den von Tito geführten gemeinsamen Befreiungskampf der Kroaten und Serben verblasste. Der Jugoslawe Tito gilt hier allenfalls noch als „Kroate." Die Bewältigung des Zerfalls in den neunziger Jahren wird wohl noch Generationen brauchen. An der Oberfläche aber kehrt der Alltag in das Leben zurück. Jugoslawien – hat es das je gegeben?

Blick zurück: Wir reisen mit der *Liburnija* Richtung Korčula. Das Narrenschiff mit einer ganzen Schule von mehr oder minder linken Intellektuellen und Philosophen nach Korčula unterwegs – statt auf Lehrstühlen nun auf Liegestühlen sitzend, was in dieser Häufung etwas leicht Komisches an sich hatte, etwas Verqueres, Unpassendes durch die ungewohnte Haltung des Halbliegens und Halbredens, der im Hintergrund weiter anwesenden Theoriestreitigkeiten, für deren Austragung nun ein geeigneter Ort angestrebt wurde: *die Sommerschule* mit Rednerpulten und Sitzgelegenheiten in einem abgedunkelten Kinosaal zum Beispiel.

Heute dagegen, im neuen Kroatien, macht sich das gewaltige Kreuzfahrtschiff aus Oslo zwischen den Buchten breit, umtobt von einem Jahrmarkt mit Auto-Scootern, die laut lärmend aus seinem Hinterteil in das schöne graublaue Jugo-Wasser ausgestoßen werden . Eine Luxusoase auf Wanderschaft, die die letzten Reservate der freien Natur für sich beansprucht. Ein Kulturwandel, der sich von selbst erklärt, augenfällig, *mainstream*.

Aus dem Tagebuch

Gestern die Entdeckung einer sauberen Kieselbucht mit glasklarem Wasser, grünblau über dem Sand, ein wunderbarer Ankerplatz, ohne die üblichen Zigarettenkippen, die sonst alle Felsenrisse, -löcher, -spalten füllen. Was für eine freundliche Gabe des Rauchers an den beglückten Naturfreund! Beim Schwimmen: mein Bild als Schatten auf dem hellen Grund des Meeres, langsame Bewegungen – kein Schiff, eine Schildkröte.

Wieder einmal im Yachthafen von Palmižan. Ein Gewitter. Unser Boot fest verankert. Die Bullaugen noch immer dicht. Erinnerung an die Arche Noah, Urbild unserer Rettung vor dem Zorn der Meeresgötter, die mit ihren Regenstürzen und Windhosen wild um sich schlagen.

In der Bucht nebenan haben sie diesmal ihr ahnungsloses Opfer gefunden, einen jungen Mann, einen Taucher. Das Gewitter direkt über ihm und uns entdeckte seine stählerne Sauerstoffflasche im Boot und schickte den Blitz auf ihn herab. Er muss sofort tot gewesen sein, sagte man uns später.

Meine Bootslektüre fasziniert mich! Nietzsche über den musiktreibenden Sokrates; er betrachtet den platonischen Dialog als „Kahn, auf dem sich die schiffbrüchige ältere Poesie samt all ihren Kindern rettete: auf einem engen Raum zusammengedrängt und dem einen Steuermann ängstlich untertänig, führen sie jetzt in eine neue Welt hinein, die an dem phantastischen Bilde dieses Aufzugs sich nicht sattsehen konnte. Wirklich hat für die ganze Nachwelt Plato das Vorbild einer neuen Kunstform gegeben, das Vorbild des Romans ..."

Das rührende Bild von der schiffbrüchigen älteren Poesie ist aber ja selbst Poesie, die ihrem Steuermann eine Nase dreht und für sich überlebt.

Fischnotizen

Lubin aus Loviśte erinnert uns an unseren letzten Bootsausflug. Und an Dominkovic, so hieß der große Bursche, der damals als Bürgermeister und Genossenschaftsleiter der Fischereikooperative alles fest im Griff hatte – ein Mensch, wie aus dem Bilderbuch des Sozialismus. Mit sieben schwertglänzenden Meeräschen kehrten wir damals nach Hvar zurück.

Die blauen Flossen, Luftblasen wie Sekt; im Sand verquollene Schuhe, schwarz auf dem hellen Grund. Ein Nagelfisch. Schwärme von schwarzgepunkteten Fischen, plötzlich, vor uns der Zackenbarsch.

Unterwasserjagd – Taucher. Fisch und Harpune. Beckmann Bilder im alten Fischhafen. Schiffstaue. Anker, algenüberwachsen; die Strömung kämmt das graue Seegras gegen den Strich. Muschelmoos auf den Reusen, auf dem verrosteten Anker.

Die rasche Wendung des Tauchers, der Dreizack, die Harpune vor deinen Augen.

Denkbar: eine Tragödie unter Freunden, ein Eifersuchtsdrama, ein Jagdunfall; blitzschnell trifft der Pfeil die Brust. Wolken von Blut, ein Gurgeln ein Stammeln.

Ein Unfall? Mord oder Zufall? – Der junge Mann, mit Pressluftharpune und vielen Pfeilen bewaffnet, macht Jagd auf den prächtigen Zackenbarsch: er verfolgt den tödlich getroffenen Fisch in die Grotte. Der aber dreht sich plötzlich, bleibt am Eingang des Lochs, bläst sich, mit gewaltigen Kiemen, breit auf. Sein Jäger erstickt gemeinsam mit dem sterbenden Fisch.

Fische putzen: sie atmen noch mühsam; die weit geöffneten Münder, bebende Kiemen, bebende Flossen – ein Schnellen, ein Zucken und Aufgeben.

Wie die Sonne den Glanz der Schuppen frisst; die Feuchtigkeit verdunstet, die Farben verblassen zusehends.

Opale die Augen, dunkel gerändert, offen, kreisrund schauen dich an ...

Fischgericht – Weltgericht

*Die Ozeane haben sich
lange gewehrt sie besitzen
die Mehrheit nicht erst
seit Menschengedenken*

*und es ist gar nicht lange her
da bewahrten sie noch
ein letztes Geheimnis
auf diesem Globus*

*allein die untergegangenen Schiffe
hätten Kunde geben können
von ihrem Unterwasserreich*

Oder vielleicht die Fische?

*Die Fische schweigen dazu
die kleine Seejungfrau aber
erzählt uns ein Märchen
von goldenen Palästen
und ihrer Sehnsucht
auf dieser beschränkten
Erde zu leben*

*Das alles war gestern
und unsere den Göttern gestohlene
Erfindungskraft holt aus der Tiefe
des Ozeans die wunderbarsten Geschöpfe
einer frühen Evolution per Mausklick
auf den häuslichen Bildschirm*

*Die Unterwasserjagd
kann beginnen*

*schnell und lebendig
haben wir sie gesehen in
silbrigen Schwärmen oder
groß und gefährlich
mit aufgeblasenen Backen
zwischen den Felsen am Grund
eine königliche Autorität*

*Sie wurden gespeert
in Netzen gefangen*

*nach den Gesetzen des Fischfangs
frühmorgens auf dem Markt gehandelt*

*der Reichtum des Meeres
glänzend auf den Bänken aus Stein
ausgebreitet diese
fremden Geschöpfe wunderschön*

*der feuerrote Drachenkopf
Meeräschen Barben Sardinen
bläulich schimmernd auf Eis
abends zerlegt eine Köstlichkeit
ohne Flossen und Gräten*

auf unserem Tisch

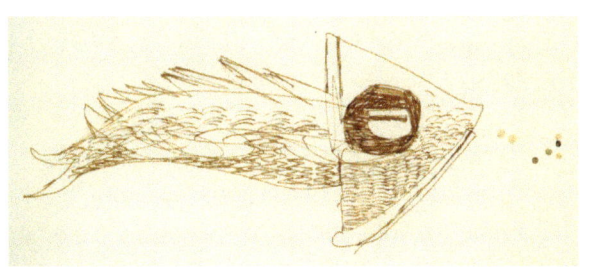

Die schönen und merkwürdigen Tage zwischen Palmižan und Orebić

Aus dem Logbuch 1972

4. August – Wieder auf dem Wasser. Am Anfang Angst, Unbehagen. Vor der Abfahrt in Maslinica Gewitter und Regen. In meinem Traum nachts: das Dorf im Schnee, das Meer vereist, aus den Fischerhütten sind Fachwerkhäuser geworden, die Wellen sind gefroren, wie aus Glas geblasen. Aber Horst besteht auf der Abreise. Unser Boot hat einen starken Kiel, das Eis lässt sich brechen.

Morgens, um fünf Uhr, als wir aufbrechen wollen, ist der Himmel noch voll dunkler Wolken.

Erleichtert ich. Enttäuscht Horst. Am Vormittag klart es auf, gegen zehn Uhr sind wir an Bord, leichte Wellen, wir fahren an der Außenseite von Šolta Richtung Hvar, knicken etwa in der Mitte der Insel ab, direkt übers offene Meer auf Hvar zu. Nun haben wir auch Šolta umrundet.

Vor Hvar starke Wellen, ich muss mich hinlegen. (Reisezeit bis zur ersten Bucht etwa von 10–13.00.) Dann geht es Horst schlecht, wahrscheinlich Naphtagestank, den der Wind ihm ins Gesicht trieb, und ich raffe mich auf. (Noch keine Pilotensteuerung mit Leine) Die Dummheiten des Anfangs! Aber die Bucht ist herrlich: wir schwimmen allein, nackt, nahe an einem der turbulentesten Orte des Tourismus.

Mala Grcka enttäuscht: alles vollgebaut, Hotel an Hotel, gestaffelt wie Kasernen. Wir steuern Palmižan an im Abendlicht, vorbei an den alten Lieblingsplätzen, wo wir mit dem kleinen Boot unsere ersten seemännischen Erfahrungen gemacht hatten (und Fotos!). Noch immer schön, aber nicht mehr einsam. Meine Sorge, Palmižan könnte überfüllt sein von Yachten aus Hvar: gottseidank überflüssig. Liegeplatz unterm Restaurant, ruhig, sicher, einziger Nachteil ein Generator, der bis 10 Uhr läuft. Wir genießen den Abend mit einem Fischessen, schlafen gut.

5. August – Am nächsten Morgen Hvar: Einkäufe. Das Boot liegt bei den Lavendelfrauen. Viel Bootsbetrieb. Die Brot fressenden Fische wie voriges Jahr, gierig – ein Symbol des touristischen und kommerziellen Be-

triebs hier: viele Fische drängeln sich um einen Kanten, jeder will dem anderen zuvorkommen, beißt um sich. Das Anlegemanöver ist noch irritierend, noch nicht wieder im Griff. Horst schiebt Wache, ich kaufe ein: Käse, Joghurt; Obst, Pfirsiche vor allem. Kaffeetrinken.

Hvar ist in vieler Hinsicht wie Goslar: ein faszinierender Ort mit Problemen. Wiedersehensfreude und Enttäuschung liegen dicht beieinander. Alles getränkt mit Erinnerungen, schönen zumeist, aber nie frei von schwierigen Emotionen. Die Familien, Freunde, Ira ... Jetzt, autonom durch das Boot, etwas leichter auszuhalten. Gegen 11 Uhr bei Radmans an der Mole. Kein Fußbreit Platz. Italienische Großfamilien. Aber freundlich, hilfsbereit, man rückt zur Seite.

Das Wiedersehen mit Vesna und Nikola: eine Überraschung, herzlich, unterbrochen vom Installateur, der endlich gekommen ist, das Tö zu reparieren. Wir bleiben zum Mittagessen: geschmorte Paprikaschoten, Tomatengemüse nach Vesna-Art, *odlično*. Nachmittags in der großen Bucht nach Jerolim, viel Ruhe zum Schwimmen. Abends Aufarbeiten der „Bootskomplexe" Anlegemanöver, Kapitänsmacken, Autoritarismusprobleme, Empfindlichkeiten. Es muss eine neue Sozialisation geleistet werden: das Leben auf dem Wasser. Dann: *Glocksgütt, Žilavka* und *Pršut* – ein gemütlicher Abend in französischer Nachbarschaft.

6. August – Morgens Nassauern beim Duschen. Abfahrt gegen 7 Uhr (bis 10 Uhr). Frühstück an Bord. Fahrt nach Sćedro, die gleiche Route wie mit der „Smolar" und kleinem Boot, vorbei an den aufregenden Felsen und lieblichen Buchten. Oben auf dem Boot, eine ruhige Reise auf sanftem Meer. Zavala. Pavos Bucht, wir suchen eine stille Tagesbucht hinter Miroslavs Häuschen. Explosion und Rauch, ein nichtiger Anlass; (ich fühle mich überfordert.) Aber das Drama ist kurz, heftig und hat ein *happy end*. Abends: in Pavos Bucht die alte Idylle. Das Kloster. Die Boote. Der Esel. Der dicke Feigenbaum. Ein neues Haus ist dazu gekommen. Tonka begrüßt uns, erinnert sich dann.

Bei Pavo Besuch des Fliegergenerals, aus Hvar bekannt. Er soll beim Waldbrand über Sćedro das Haus aus dem Hubschrauber heraus gesehen haben, letztes Jahr. Nun macht er hier Ferien. Ein ganz sympathischer Bursche, ein Hirsch in Shorts, der mit Pavo und uns und anderen Besuchern auf der Terrasse Rakija zu frischen Feigen trinkt. Pavo, ganz der Alte! *„schi,*

schi", lacht, trinkt, trägt sein blaues, weit ausgeschnittenes Schweißhemd überm runden Bauch, geflickte breite Hosen in allen Blauschattierungen. Ljubica noch dünner, ohne Zähne, aber irgendwie *more sophisticated*, großstädtischer.

Bei Mate und Tonka fühlen wir uns besonders wohl. Alles so klar, einfach, überzeugend: die große Tafel in der weißen gekalkten Küche, die Eichenbänke, ein moderner Plinherd, ein Steinbecken. Am Kellertor hängt ein Strohhut, eine Arbeitsjacke – ein Stillleben von van Gogh. Sie kocht Gemüse überm offenen Feuer in der dalmatinischen Küche. Wir sitzen draußen, trinken Wein, essen kalte Fischchen bis das Abendessen, frische Eier, fertig ist. Tisch- und Bootsnachbarn: ein Hygieneprofessor aus Zagreb und sein Freund, Fischer unter Fischern. Nachts Wind.

7. August – Wunderschöner Sčedro-Tag. Ruhe, Schwimmen, Genießen, Fischessen abends bei Tonka. Karte an Miroslav. Morgens in Nachbarbucht: schöne windlose Liegeplätze. In unserer Bucht Steinbrucharbeiter, aber nur kurz.

8. August – Nach dem Frühstück bei Tonka Abfahrt nach Vela Luka gegen 7 Uhr. Ruhige, spiegelglatte See. 2 Stunden Fahrt. Bucht vor Vela Luka für Fischmarenda: schöne Felsen, Bäume. Gegen 12 Uhr Greben. Bootssteg beim Hotel Dalmacija. Nachmittags: „Kaiserbucht" gegenüber Osjak. Abendessen im Korkyra, Besuch bei Marica Padovan, kurz, Verabredung, Liegeplatz Terapia, kleinere Störungen. Autos.

9. August – Um ½ 7 bei Greben. Inspektion. Warten. Lektüre. Einkäufe. Viel Trubel ums Boot.

Puno posla. Nette, hilfsbereite Greben-Leute, der Mechaniker Petar: „nicht glauben, kontrollieren!" Große Hitze, viel Öl und Schlick. Nachmittags Pause in Bucht, Bootsreinigung. Abendessen bei Marica: Skuse, Salate, alles lieb zubereitet. Marica, herzlich, mit wirren Haaren, immer in Eile mit vielen Gästen, die alle sehr hilfsbereit sind. Die schreckliche Geschichte vom verschwundenen Schiff „Tisa" noch immer allgegenwärtig. Die Mütze des Kapitäns auf der Hutablage. Liegeplatz: frei verankert; Franzosen.

10. August – gegen 7 Uhr Aufbruch nach Tri Luke. Große heftige Wellen am Kap. Herrliche Bucht von Karbuni – das schönste Wasser! Ruhe, Schwimmen, Lesen. Abends Suche nach Gršcica, kleiner intimer Hafen, gut geschützt.

Sardellenessen bei Fremden, gastfreundliche Aufnahme auch von den anderen Gästen: ein Clown, „sozialistische Bourgeosie" – Wolfram als Witzbold; weitgereister Ökonom aus Zagreb mit seiner blonden, vitalen polnischen Frau, einer Zahnmedizinerin aus Warschau. Viel getrunken, gelacht, *tipsy* an Bord.

11. August – Frühstück in Prizba, im neuen Hotel überm Meer. Einkäufe in Brna. Tagesbucht hinter Zavalatica, Ziel Pupnatska Luka, sehr heiß; kleine Kapelle. Quellen im Wasser, schwierige Steine; Leinenmanöver dann abends in Pupnatska Luka; kein Liegeplatz, alles flach und offen. Zurück nach Zavalatica. Schöne Dämmerung. Große Mole aus Steinen gemauert, tief, geschützt der Hafen, steil darüber die Häuser des Orts. Spürbar eine gedrückte Stimmung, gedämpfte Atmosphäre. Kein Lärm, keine Geschäftigkeit wie üblich. Junge Landsleute an der Mole bieten Hilfe an, geben Auskunft:

Am Nachmittag hat man im flachen Teil des Hafens den Toten ausgeladen, einen jungen italienischen Taucher. Die Frauen: „er war in seinem Taucheranzug, man hätte ihm nur die Jacke ausziehen müssen und ihn wiederbeleben, unfasslich, dass er tot sein sollte, er hielt in der einen Hand noch die Taschenlampe: ganz zierliche Hände und die blauen Lippen konnte man sehen, die Fische hatten ihn schon angebissen; aber er lebte nicht mehr, das Blut stürzte aus seinem Mund als man ihn aus dem Boot holte; das Wasser des Hafens war rot davon. Die Leute nahmen ihn so wie er war, hatten einen Zinksarg kommen lassen, ganz schmal …"

Sein Freund war dabei, der konnte ihn nicht aus 18 Meter Tiefe holen, wo er einen Herzanfall hatte; viermal war er nach einem Zackenbarsch getaucht in der Nähe von Pupnatska Luka. Seine Braut hat alles miterlebt

Das schreckliche Schauspiel war im ganzen Dorf zu sehen, von den Fenstern, von den Terrassen aus; wie aus Logenplätzen konnte man unten die Bühne sehen, auf der die Männer agierten; auch die Kinder im Dorf waren ganz stumm.

Unsere Landsleute waren für Ablenkung dankbar; sie wollten sich nicht hineinziehen lassen. Und mussten doch ständig daran denken: so luden sie uns erst zu Wein und Feigen, dann zum Räuberspieß ein. Roswitha und Rosi, zwei gefühlvolle und patente junge Mütter gaben uns das Gefühl, dazu zu gehören. Auch die Männer machten kein Aufhebens davon, zwei Esser mehr zu versorgen. Mit den fünf Kindern, Jungens, die schon im Bett lagen, offenbar eine von den seltenen erfreulichen „Familien-Kommunen", die es heute so gibt.

Vor dem Hintergrund der schrecklichen Ereignisse werden unsere einfachen sinnlichen Freuden an Wein und Fleisch zu einem Festmahl, aber unsere Lebensfreude war nicht ohne Nachdenklichkeit. Die sonst üblichen Vorbehalte gegenüber Fremden, Landsleuten zumal, kamen in dieser Situation nicht zum Zuge. Irgendwie rückte man ganz einfach zusammen. Die Gastfreundschaft war überwältigend und selbstverständlich zugleich.

12. August – Sonnabendfrüh. Aufbruch. Drei reizende kleine Jungen besuchen uns zum Abschied an Bord. Wenn wir wiederkommen machen wir ein *Izlet* zusammen!

Kiefls mieten dies Haus im Sommer von einem Bauern, „Pappi", in Čara. Italiener Invasion in schöner Bucht. Große Frustration. Dann heiterer Nachmittag, Entspannung, Fahrt nach Lumbarda. Wir fühlen uns zu Hause auf dem Boot!

Lumbarda: Einkäufe im Supermarkt, in der „Sauna", ein Riesenstück Käse, grüne Birnen, uralte Milch, wenig Auswahl. Das Hotel Lumbarda, weiße Kieselmosaiken auf den Wegen und im WC von der Türklinke bis zum Becken alles zerbrochen, voller Schmutz und Fliegen. Eine Beatkapelle bereitet sich auf den Abend vor, wir flüchten in die nächste ruhige Bucht. Ein Restaurant im Aufbau, ein bärenstarker blonder Seemann als Wirt, lebte zehn Jahre in Neuseeland, hat gute Fische im Kühlschrank zum Aussuchen.

Gegen 8 Uhr kommt Musik näher. Auch hier, aber anders: Wie auf dem Bild eines Sonntagsmalers nähern sich Musikanten, eine Prozession von Frauen und Kindern folgt dem Bassisten: „O Mammy, Mammy, O Mammy Blue" – spielend kommen die Männer mit ihren Gitarren heran. Neben uns eine riesige Tafel, ein Dutzend Leute, kleine Kinder dabei, im Arm ihrer Mütter. Es wird getafelt und gesungen, dann musiziert.

Ein richtiges Fest entwickelt sich. Stimmung kommt auf; eine ältere, füllige, aber wohlgeformte Frau steht auf, verschränkt die Arme, tanzt. Dann ein Kolo, die jungen Mädchen vom Nachbartisch schließen sich an. Alle Frauen tanzen Kolo zur Musik der Männer. Spontan und gekonnt. Ein Krakoviak dann. Der Wirt guckt zu mir herüber, geht auf Horst zu, fragt, fordert mich auf zum Tanz. Wie das tanzen?. Aber die Musik lehrt im Nu, wie man's macht, ohne Schuhe versteht sich! Ich komme ganz außer Atem an unseren Tisch zurück. Wir bleiben gegen unsere Absicht – seit fünf Uhr wach! – bis um halb zwölf. Dann Tiefschlaf auf dem Boot, buchstäblich ungewiegt.

13. August – Morgens fast ein englisches Frühstück beim Wirt, dann Überfahrt bei glattem Meer nach Trstenik. Wir sitzen vorn auf der Kabine und spielen Mundharmonika. „Freude schöner Götterfunke" – geht auch. Sonntagsverkehr mit Booten, aber wenig. Wir baden in einer Felsenbucht mit Kieseln, herrliche Ruhe. Piniengeruch vom Wald über dem Felsen. Unsere Bootsessen mit Tomatensalat, Thunfisch hors d'oeuvre, Käse, Obst – in dieser Umgebung von nichts zu übertreffen! Wie lang ein Tag sein kann. Ausgeruht und erfrischt kommen wir abends in den tiefen, sicheren Hafen, mit der riesigen gemauerten Mole. Der Ort in diesem Jahr vollgestopft mit Autos, staubig verdreckt, von Touristen entstellt. Kein Vergleich zu dem stillen Dorf vor einem Jahr. Lammfleisch wird uns angeboten, aber wir finden nach Besichtigung des Restaurants unser Abendessen an Bord schöner.

14. August – Morgens, schon früh um sieben Uhr nach Žuliana, dramatische Berge rings um die liebliche Bucht. Zufall: wir treffen Bernhard Männel bei der Ausfahrt aus dem Hafen; sie wollten eigentlich nach Mjlet. Herzlicher Empfang auf dem Zeltplatz, schwierige Verankerung. Frau Männel, Heide, verwöhnt uns mit einem Eifrühstück. Dann bei großer Hitze viel Mücken und Fliegen. Aufstieg zum traditionellen Männel-Platz. Kennen das schon aus dem Film. Viele Besucher waren dort, Kollegen, Ases, auch Frau Wenk ... dass wir oben, gemeinsam sitzend, ihren vor Jahren verlorenen Ohrring wiederfinden – Frau Männel hat ihn plötzlich zwischen den Kieseln entdeckt – ist ein Memento mori eigener Art. Wir hatten wohl alle an sie denken müssen.

Kleine Streitereien um Plätze am Weinberg zwischen den Bauern. Absperrungen, Ärger mit dem Bürgermeister wegen der Zeltplätze scheinen in diesem Jahr zugenommen zu haben. Gemeinsames Mittagessen am Zelt. Wir steuern zu Kartoffelsalat und Würstchen einen wohlgelungenen dalmatinischen Krautsalat und Thunfisch als Vorspeise bei. Gegen fünf Uhr Abschied nach einer herrlichen Rundfahrt in Männels schnellem Boot durch die Buchten von Žuliana, am Sveti Ivan, an der Lyrica vorbei. Abends nach Zwischenaufenthalt zum Baden und Aufklaren wieder in Trstenik.

15. August – Morgens ohne Zähneputzen und Frühstück Aufbruch Richtung Orebić. Pause in der dritten Bucht, dann ruhige Fahrt an den kleinen Weindörfern Dingać, Postup usw. vorbei. Aufenthalt in der Drachenfelsbucht: hohe Bäume, Steine, eine weiße Baumleiche, glasklares Wasser. Wir sitzen in oder über einem Aquarium. Faulenzen, baden, schlafen; am Nachmittag noch andere Leute. Gegen fünf Uhr Weiterfahrt nach Orebić. Touristenbüro. *Kommodore* Hotel – wir finden aber noch ein Zimmer im besseren *Orsan*, näher am Ort. Liegeplatz an der Mole. Drückende Hitze. Kein Wind. Wir sind nassgeschwitzt, freuen uns auf die Dusche und etwas mehr Zivilisation nach 12 Tagen Bootsleben.

16. August – Morgens Schwimmen, nachmittags Suche nach Frau Jun-Broda. Im Touristenbüro erkennt uns der Direktor wieder, nachdem wir ihn an die Konferenz hier erinnert hatten, rät uns Ivan Supek zu fragen. Was wird aus der Konferenz in Korčula? Bringt unser Fragen die Leute in Verlegenheit? In Vela Luka sagte man uns auf Anfrage im Putnik, die Sommerschule sei verboten worden. Wir wollen zu Rudi Supek, aber wie? Was tun? – Spazierengehen. Große Hitze.

17. August – Horst bei Rudi Supek. Die erste Frage nach seinem Haus führt ihn direkt auf seine Terrasse. Freundlicher Empfang mit Wein. Verabredung am nächsten Tag; bei Schach-Report Spasski-Fischer im *Rathaneum*.

18. August – Morgens Lektüre. Kommunikationsforschung. Nachmittags Besuch bei Supek. Kaffeetrinken auf der Hausterrasse. Allgemeines Gespräch mit Frau und Schwiegereltern auf deutsch über dalmatinische Ferien, Dörfer, Bootsgeschichten. Wein, Trastervića, gieltere Fragen nach der Konferenz. Thema: „Gleichheit und Freiheit". Zunächst Verbot, Tito fühlte sich persönlich angegriffen, beleidigt von der letzten. Nicht so klar warum. Aufhebung des Verbots, das wohl eher eine Art Missbilligung war, der sich die Stadt Korčula eilfertig und erbötig anschloss mit Verweigerung der Gastfreundschaft. Diesmal alles konzentrierter, 100 Leute, 4 Tage. Es kommen Wolfgang Leonhardt, Künzli ; Jähnig nicht nach einem Autounfall ...

Details aus dem Gespräch mit Rudi Supek: einige Teilnehmer sind wie Supek Kommunisten *gewesen*. Enttäuscht vom etablierten System – im Lande oder in Moskau. Supek war in Buchenwald im Komitee des illegalen Widerstands. Dort auch sein Bild (Foto). Nach dem Krieg in Kassel: er war erschüttert über die Zerstörungen, half „displaced persons" weiter. Vortrag in München durch Grassi. Angriffe extremer Linker beantwortet er mit dem Hinweis auf fehlenden Bezug zur Praxis und Realität. China, Kuba – kein Ersatz für eigene Analysen der entwickelten industriellen Gesellschaften.

Er sieht Aufgabe darin, diese Analysen zu erstellen, die Theorie voranzutreiben und zu integrieren in der Perspektive der nächsten zehn Jahre. Nach der Umweltkonferenz in Stockholm für ihn Notwendigkeit globaler Planung, vor allem unter Einbeziehung der 3.Welt, unausweichlich, sonst Katastrophe. Las gerade das Buch „Die Bevölkerungsexplosion" von P. Ehrlich (Hanser Verlag.)

Spannend für uns: sein Besuch in Ostberlin 1965 und 1967. Seine Gastgeber waren befremdet, als er ihnen beim ersten Besuch das Hansa-Viertel als mögliches Modell sozialistischen Städtebaus vorhielt, im Kontrast zur Stalin-Allee.

Beim zweiten Mal „100 Jahre *Kapital*" – Versammlung von Wissenschaftlern aus aller Welt. Auch Vietnamesen. Er und sein jüngerer Kollege, ein Ökonom, wurden bei der Ankunft auf dem Flughafen danach gefragt, wer Delegationsleiter sei. Sie guckten sich überrascht an, einigten sich rasch, er, Supek als der Ältere. Am nächsten Tag findet er sich zu seiner Verblüffung im „Neuen Deutschland" wieder als Leiter der kommunistischen Delegation Jugoslawiens, er, ein Nichtmitglied der Partei.

Dabei Gespräche über Entfremdung. Offizielle Version: In der sozialistischen DDR gibt es keine. In Novo Sibirsk dagegen untersuchten die Russen inzwischen das Phänomen empirisch.

Supek hat früher bei Piaget in Paris seine Dissertation über kunstpsychologische Probleme geschrieben, interessiert sich lebhaft für Horsts Thesen zur Beziehung zwischen Politik und ästhetischer Praxis, schlägt Gegenbesuch am nächsten Nachmittag vor.

Aus dem Logbuch 1973

14. August – Vrboska hat eine gute Versorgungslage, einen fabelhaften Hafen, für alle Winde sicher. Als wir abends nach ungemütlicher und früher

Bora aus Jelsa flüchtend dort ankamen, waren wir überrascht und entzückt: ein tief eingeschnittener alter Fischerhafen, Partisaneninsel, Mole, Wegbrücke vor dem ältesten Teil des Hafens. Überm Dorf die alte Festungskirche, 15. oder 16. Jahrhundert, gegen die Türken gebaut. Ein Abendspaziergang am Hafen. Grillgerichte im Restaurant, an rotem Tisch; überhaupt, alles macht einen gutgehaltenen Eindruck. Nur der Kellner hat etwas Schwierigkeiten mit der Organisation seiner Gäste. Die Leber kommt ohne Messer und Gabel, Brot fehlt, Tomatensalat – alles in Raten. Draußen die Deutschen und anderen Touristen. Autos vor den Nasen. Hinter der Gardine, drinnen im Boot, geht der Mond auf. Die Fähre liegt im Hafen fest, die *Hvaranka*.

Eine Gruppe Männer kommt, bestellt singend ihr Bier, andere kommen dazu, ein Tisch wird dazu gestellt. Dalmatinische Lieder, Stimmen wie aus einer Orgel. Spontanes, kollektives Musizieren, ohne „Dirigent", ganz unautoritär – gruppendynamisch, ein Phänomen an freier Einordnung. Zwischendrin wird erzählt, getrunken, werden andere Gäste begrüßt. Einer stimmt dann wieder ein paar Takte an, die anderen fallen ein, verständigen sich zwischendrin über Strophen und Text. Soweit ich verstehe, immer dieselben alten Themen: Liebe, Meer, die Braut, das Boot, die Schönheiten Dalmatiens.

Ich versuche mir vorzustellen, wie man wohl bei uns „unter der Linde" gesungen hat. Die Lieder hier sind musikalisch und rhythmisch differenzierter. Dass sich Kultur in Gesang ausdrückt, liegt nahe. Gerade das gemeinsame Singen von Liedern – wenn es nicht gerade Marschlieder sind – verrät auch etwas vom Niveau früher Sozialisation, vom Miteinander, Hinhörenkönnen, Kooperieren , von der Differenziertheit des Gefühlsbereichs. (Man vergleiche eine Gruppe deutscher Männer am Himmelfahrts- oder „Vater-Tag", einen „akademischen" Bierabend, eine Kneipe und ihr Gegröle mit den Liedern, die hier gesungen werden!)

Gegen 10 Uhr an Bord. Tiefer, guter Schlaf, das Boot liegt ruhig an der Mole.

15. August – Am nächsten Morgen Entscheidung zu bleiben. Besuch in der „Stadt": Türkischer Kaffee, Einkäufe. Glockengeläute. Oben in der Kirche Problem mit der Bekleidung. Eine alte Frau verwaltet Schlüssel und Sitte. Ich verstehe ihre Erregung, erbitte mir ein „anständiges" Kleidungsstück über meine Shorts. Der Blick vom Turm und Umlauf auf Dorf,

Berge und Meer entschädigt für die steile Steintreppe. Das Räderwerk der Kirchuhr tickt seit vier Jahrhunderten hinter einem hölzernen Laden. Die Zeit bewegt sich durch Steine. Die Bilder aus venezianischer Zeit, Tizian, Veronese (zugeschrieben), Bassano (14./15. Jahrhundert) sind in der neuen Kirche ausgelagert wegen Feuchtigkeit. Dort, kurz vor der Misa großes Geläute: *Blagdan Vela Gospa* „Mariä Himmelfahrt". Der junge Kaplan und drei Kinder, zwei festlich weiß gekleidete Mädchen dabei, schwingen, hüpfen und tanzen mit den Glockenseilen vor der Kirchentür bis der alte Küster kommt. Das Einzelgeläute, Gebimmel beginnt. Alte Frauen in dem Holzgestühl kniend, beten, beichten.

Der junge Kaplan erklärt den Rosenkranz des Bassano, leuchtet einzelne Details, einen Apfel, eine Rüstung, ein Katze, eine Hand auf den alten venezianischen Gemälden an. Wie sind sie dorthin gekommen? Was für eine Geschichte hat dieser kleine Ort?. Wir sind neugierig geworden.

Das Fischereimuseum hatte mich schon am Vortag gereizt: alles was mit Fischen zu tun hat und die Fischer von Vrboska betrifft, hier ist es dokumentiert – von der alten Feuerstelle in den Fischerhütten bis zu den verschiedenen Dosentypen ihrer kleinen Fischfabrik.

16. August, abends gegen 6 Uhr in der Bucht. Das Bewusstsein, Zeit zu haben. Horst malt und zeichnet an Bord. Das Boot dümpelt. Warum? Das Wasser steigt offenbar langsam an, leichte Rückstoßwellen plätschern an den Steinen. Drüben im roten Sand der Widerschein der Abendsonne. Gegenüber die Insel Hvar. Das Meer perlmutterfarben. Es wird kühler. Auch das Wasser war frisch, aber ein Genuss. Heute morgen, nach gutem Schlaf – trotz kleiner Unterbrechungen durch laute Männerstimmen – gegen 6 Uhr raus aus den Schlafsäcken. Morgenwäsche, Wasserholen, Nassauern im Hotel Madeira (ziemlich primitiv, billig, C-Kategorie) improvisiertes Frühstück mit frischen runden Brötchen.

17. August – Rogać – Fortsetzung in der Bucht von Rogać: Horst, neben mir, zeichnet. Das Boot hängt frei verankert, dümpelt. Steinmetze im Wasser? Ein dicker, schweinefarbener Mann schlägt mit einem Hammer ächzend Muscheln aus den Felsen, schon über eine Stunde. Ob er schon ein Dutzend beisammen hat? Einige Knaben tauchen mit Schnorcheln. Alle aus einem Boot, offenbar eine Familie, frühe Jäger und Sammler aus dem Ort Rogać.

Heute früh Aufbruch um 8.15, ruhige See, frischer Morgenswim vor dem Frühstück: Joghurt, Marmelade, Brötchen, Käse, Orangensaft, sogar etwas inzwischen weich gewordene Butter. Aufklaren im Boot. Nach gutem Schlaf um halb 7 von alleine aufgewacht. Trotz unruhiger, kabbeliger See und gegen 2 Uhr nachts leichter Bora-Böen keine Liegeprobleme. Gegen 9 Uhr *Splitska Vrata,* 10 Uhr Necujam, 10 Uhr 15 *Rogać:* Marenda mit Käse, Ajvar, Rotwein, Gurken, Brot. Jetzt ringsum Idylle, türkisgrünes Wasser, leichte Majstral-Brise. Landschaft mit Buschwerk und vereinzelten Bäumen. Steinmauern, zarte Wolken drüber getuscht.

Gestern Abend noch Probleme mit dem Anlegemanöver. Dumme Verstimmung, Enttäuschung nach dem herrlichen Tag, den unglaublichen Glücksgefühlen, der Vollkommenheit: „ein blaues Auge". Aber dann doch aufgefangen in einem Versöhnungsmahl bei Kerzenlicht, Wein, Trauben.

Grund: kindliche Verärgerung über Unterbrechung des zeichnerischen Meditierens bei Horst; er war ganz Maler, sollte unvermittelt wieder Kapitän sein. Ich hätte das nicht so ernst nehmen sollen. (Oder gerade!?)

Zurück auf unserer Heimatinsel: Maslinica i Maslinova Ubala.

Bootsnotizen Abschied vom Boot 1975

Hvar im August 1975 – „Ach, wie fühl' ich mich heut' so wohl!" – ein kleiner Junge auf dem Nachbarbalkon im Hotel „Delfin". Heute kann ich ihm wieder zustimmen: ein strahlender Tag. Unten im Hafen ist wieder etwas mehr Ruhe, aber immer noch ein Mastenwald, unser Boot dazwischen.

Gestern der große Revierstreit mit der dicken „Maria Elena" unter panamesischer Flagge, rücksichtslose Matrosen, die nur italienisch sprechen. Aber die Kleinen solidarisieren sich: Unser Nachbar, ein junger Jugoslawe mit seiner 9m-Segelyacht schlägt vor, die Leine des Dicken einfach ins Wasser zu werfen. Horst droht mit der *Kapetanija,* wenn das Schiff uns weiter bedrängt. Die doppelte Zischhaltung wirkt schließlich. Ein Kompromiss: mit Hilfe des Dicken können wir unsere Leine dann doch verlegen und verlängern. Sie kommen raus mit ihrem Dinghi und helfen.

Lob des Bootes – letzte Begegnung 1995

Nachmittags hat sich das Wetter von Suncani Hvar wieder hergestellt, als sei nichts geschehen. Auf dem Weg zur Badebucht – über Hafenweg und Agavenweg – begegnen wir unserem Boot und seinem neuen Eigner, ein borstig-grauhaariger Fischer aus der Altstadt, der es uns vor zwanzig Jahren abgekauft hat. Aus „Renate" mit einer Bootsnummer aus Vela Luka – VL 272 – ist nun eine Hvarer Nummer, HV 322, geworden. Der Mann erkennt uns nach der ersten Frage gleich wieder, ja, der Diesel ist o.k. – „Motor radi dobro"; überhaupt, wenn man von der Ästhetik absieht, hat sich das Boot nicht verändert. Noch immer ist es eine Schönheit, nun allerdings mit geblümten, statt goldfarbenen Gardinen vor den Bullaugen; auch die Beschläge fehlen, der hohe Segelmast. Die Kabinentür hat ihren dunklen Holzglanz verloren, und die Unterwasserfarbe müsste wohl auch erneuert werden. Alles äußerlich ...

Unsere Bootssachen blieben bei Ivo in Maslinica zurück: Schlafsack, Kissen, Decken, Laken, Öljacken, Frotteetücher, Küchentücher, Schüsseln, Bestecke, alles ...

Das Boot ist nach langen Reisen an der Küste Dalmatiens und um die Inseln – Šolta über Vis bis Šipan und Dubrovnik – nun heimgekehrt in einen Fischerhafen, wo es hingehört, treue Dienste im Alltag leistet und wie ein Ackergaul gut gepflegt wird. Ohne Extras. Wir sind's zufrieden. Unsere Bootsjahre mit ihren intensiven Erfahrungen von Wasser, Luft und Land, Winden, Wolken und Sternen haben uns der Natur nahegebracht und für die große Welt vorbereitet.

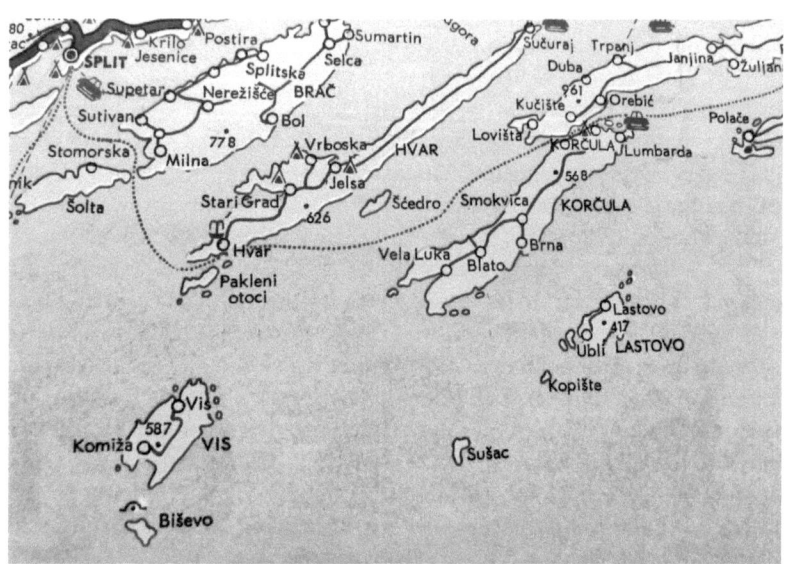

Inselfriedhof auf Šolta.

Nach dieser Reise
die man Leben nennt
liegen sie hier beieinander
aus dem Spiel genommene Schachfiguren
in der Ordnung des beendeten Spiels

Oder liegen die Bauern
landeinwärts
unter flachen Steinen
abgesondert von den Seeleuten
deren Körper abwesend sind?

Doch die Frauen der Matrosen
erinnern sich
an fremde Namen: an den Panamakanal
an einen Fall
von „rätselhaftem Versagen
der Schotten, der Pleuelstangen, der Steuerung" oder
weißgottwas
(die Versicherung hatte alle Einzelheiten notiert)

Über ihnen
noch im Tod auf Schulterhöhe
aufgebahrt ihre Zwingherrn
italienische Grafen
und Gräfinnen Krone und Kreuz
fremde Eindringlinge
die jahrhundertelang
diesen Berg unterjochten

*Wieviele Tanker
fahren unversehrt
an dieser Insel vorbei?*

*Wer nimmt noch Notiz
von der Soziologie
dieser Gräber?*

*Unverändert ernst und jung das Gesicht
und weltfremd
unter seinem roten Stern
das Foto des Partisanen
Sohn oder Bruder
oder Bräutigam ehe man ihn erschoss*

*Wer baut in seinem Garten Wein
fängt seine Fische
wer spielt – heute –
sein Spiel?*

Im Splitski Aquarium –Hannibal

Im Aquarium. Eine historische Begegnung. Diesen Aal kann kein Mensch durch seine Abmessungen beschreiben: fast zwei Meter Länge. Durchmesser schenkeldick. Seine Haut ist grau und von der Beschaffenheit nassen Leders.

Besser beschriebe man ihn wohl von der Lebensweise her, auch wenn man die natürlich nur sehr spekulativ aus den angebotenen Daten erschließen kann. Oder wie sonst?

Langsame, schwerfällige Bewegungen, die nahelegen, er sei dabei einen Elefantenkadaver zu verdauen. Alte Bewegungen.

Vielleicht muss man sehr lange zurückgehen ...

Wir erinnern uns an die Zeiten von Hannibal. Noch bevor er die Alpen überquerte, war ja bekanntlich der Leitbulle des ersten Elefantentrupps kränklich. Immer wieder blieb er stehen, und indem er seinen Rüssel aufwarf, so dass er den Hinterkopf berühren konnte, brüllte er auf. Man gab ihm zu trinken, man gab ihm zu fressen, man durchsuchte die Falten an seinem Körper nach Schmarotzern. Man fahndete nach Mäusen, Zikaden, Ligusterschwärmern in seinen Ohren; man befühlte sorgsam seinen grauen Bauch. Nichts. Der verantwortliche Elefantenführer wurde zum Rapport bestellt. Hannibal war wütend, der Wärter ratlos. Man rätselte weiter.

Es traf sich, dass man eines Tages von einem Passweg herab so weit in die Landschaft blicken konnte, dass in der Ferne, in der Abenddämmerung das Meer aufschimmerte – wie eine Muschelplatte. Oder ein großer Elefantenfriedhof? Alle blieben stehen: die Elefanten, die Fußtruppen, die Helden des Hannibal. Plötzlich erinnerten sie sich an ihre Furcht vor den nördlichen Gefilden und an ihre Familien im Süden. Sie dachten an ihre Feinde und an ihre Frauen.

Sie standen am Kreuzweg. Aber nur einer machte kehrt: der kranke Elefant. Er allein ahnte, was kommen würde. Er wollte nicht verscharrt werden in nasser kalter Erde, oder die Felsen heruntertrudeln in eine dunkle Schlucht. Ihm war klar, dass er hinter diesen schrecklichen weißen Zähnen des Gebirges keine Gnade finden würde; keine warme knuffige Luft, in der man sich seiner hundertjährigen Haut freuen konnte, keinen molligen Sumpf, kein schulterhohes gelbes Gras. Und er rannte holpernd und stolpernd mit ausgestrecktem Rüssel rückwärts, die Pfade herab bis ans Meer ..

Und wohin er dort verschwunden ist, und ob er dort gestorben ist, das weiß keiner; außer vielleicht Hannibal – der alte römische Aal im Splitski Aquarium.

Delphine, Delphine – wieder

Sie spielen. Eine Schule zwischen Hvar und Brać. Als gäbe es Regieanweisungen: einer, überspringend die eigene Länge, oben gleißend im Sonnenlicht, einer als halbe Fischsilhouette aufsteigend aus den Wellen, während ein dritter und vierter mit Schwanz oder Flossen gegen den Himmel zeigt: ein Rausch des Springens, eine Explosion der Lust.

Hier erinnert man sich auch an die Story, die Dr. S. erzählt. Seemannsgarn?

Eine zierliche zähe Amerikanerin, Indianerhalbblut natürlich, mit langen, glänzenden, starken, schwarzen Haaren kentert mit Segelboot und Matrose. Der Matrose ertrinkt; sie überlebt. Delphine entdecken sie. Nun hebt das grausige Spielen an: einer packt sie mit den Flossen, lässt sie hochschnellen, ein anderer fängt sie mit dem Schwanz auf, wirft sie ins Wasser, ein dritter nimmt sie auf den Rücken, reitet sie wild durch die Wellen ... Sie, als Indianerin zäh, entkommt, überlebt mit weißen Haaren ... Eine seltsame Erzählung.

Vorahnung

Vor ein paar Tagen habe ich von Terroristen geträumt: deutlich sah ich bärtige dunkle Männer, so wie sie hier vorkommen als freundliche Bootsfahrer, Ivo oder Mario aus Dubovica. Sie öffneten plötzlich eine kleine Kiste voller Handgranaten und nahmen uns, mich als Geisel. Ich war erschrocken, aber nicht in Todesfurcht, sagte etwa: „Kinder, was soll das, wollt ihr euch für's Leben unglücklich machen? Ihr könnt doch nicht einfach Menschen umbringen. Dass ich im September 1986 so träumen konnte!? – *Aus dem Tagebuch 1986.*

Korčula – Sommerschule

Korčula und die Praxisgruppe

Natürlich hatten wir schon davon gehört, dass es in Jugoslawien eine Gruppe von kritischen Intellektuellen gibt, die als Anwälte des sozialistischen Modells der Arbeiterselbstverwaltung in ihrem Lande und im Ausland Aufsehen erregten; sie unterrichteten an den Universitäten in Belgrad und Zagreb oder Ljubljana, meist Philosophie und Sozialwissenschaften. Mit ihrer Kritik an den gesellschaftlichen Verhältnissen im eigenen Lande wurden sie häufig als „Dissidenten" klassifiziert und von Tito argwöhnisch beobachtet, gelegentlich auch mit Sanktionen und Lehrverbot gemaßregelt. Von solchen Verboten wurden allerdings eher die Assistenten der prominenteren Professoren betroffen, während diese als Gastdozenten in Berlin, Berkeley oder Paris ihre Forschungssemester verbringen konnten.

Das alles war uns bekannt, ehe wir im August 1971 zum ersten Mal an der Sommerschule in Korčula teilnahmen. Und das geschah, so muss ich gestehen, eher zufällig. Unsere Zeit in Dalmatien stand unter einem anderen als dem roten Stern.

Wir hatten nach den Erfahrungen mit unserem kleinen norwegischen Dreimeterboot mit Außenbordmotor Lust auf größere Abenteuer und unser Auge war auf einen Bootstyp gefallen, der an dieser Küste als Weekend-, Segel- und Fischerboot bei Wind und Wetter unterwegs war, und der im Lande selbst hergestellt wurde. Die traditionsreiche Werft in Vela Luka auf der Insel Korčula wurde uns von Freunden als der Ort empfohlen, wo wir uns umsehen sollten.

In diesem Jahr hatten wir uns nun dazu durchgerungen, ein größeres Boot zu erwerben und den nächsten Schritt zu erkunden. So nahmen wir gern die Gelegenheit wahr, mit dem Schiff von Venedig aus auf die Insel Korčula zu reisen. Die Fahrt mit der „Jugoslavija" entlang der dalmatinischen Küste und über die Häfen von Rijeka, Šibenik, Zadar, Split und Hvar war für uns eine Reise mit dem Traumschiff, auch wenn – oder vielleicht auch gerade weil – es in jenen Jahren nur bescheidenen Komfort bot. Immerhin, den Tag auf einem Liegestuhl auf dem Sonnendeck zu verbringen und die Küste wie in einem Film an sich vorüberziehen zu lassen, gehört zu den Höhepunkten unserer dalmatinischen Jahre.

Bei unserer Ankunft im Hafen der Altstadt, die wie eine Theaterkulisse dahinter aufsteigt, mussten wir uns neu orientieren. Als wir uns im *Turist Biro* umhörten, erfuhren wir, dass die berühmte und umstrittene Sommerschule am 22. August beginnen sollte. Näheres konnte oder wollte man uns nicht sagen. Immerhin, das Thema *„Utopija i Realnost"* traf einen Nerv, besonders bei Horst, und so plädierte auch ich dafür, ein paar Tage an dieser Konferenz teilzunehmen. Wir fanden ein Privatquartier in einem alten Turmzimmer, das mit Plüsch und goldgerahmten Bildern an ein Museum erinnerte. Und in der Tat, hier, in diesem Hause soll Marco Polo geboren worden sein. Wie immer das historisch zu belegen ist oder nicht, in dieser Stadt der Seefahrer und Schiffskapitäne könnte er gut aufgewachsen sein.

Wir fragten uns durch zum Tagungsort. Das Programm der „Korčulanskajetna Škola" reizte und beeindruckte uns mit bekannten Namen und spannenden Themen: Rudi Supek, Präsident und Organisator der Konferenz (seit 1963), Chefredakteur der international angesehenen Zeitschrift „Praxis" über „Soziologie und Sozialismus – Probleme und Perspektiven". Heinz Brandt: „Spontaneität, Organisation und Anarchie". Dieter Jähnig: „Kunst und Wirklichkeit." Arnold Künzli: „Utopie und Realität". Norman Birnbaum: „Beyond Alienation; New Possibilities for a Concrete Utopia" – um nur einige der Namen und Themen zu nennen.

Für den 23. August war morgens um 10 Uhr Robert Jungk mit seinen Zukunftswerkstätten im Programm ...

Erst später wurde uns klar, dass wir uns zu diesem Zeitpunkt auf einem politischen Minenfeld befanden. Die Konferenz stand unter starkem Druck, wurde wachsam beobachtet und verfolgt. Kritik an den neuen Eliten, an wachsender Bürokratie und Technokratie rief die Partei auf den Plan mit Gegenmaßnahmen. Ähnlich wie in der Bundesrepublik kam es dann auch in Belgrad, Zagreb und Sarajevo zu Massendemonstrationen der Studenten. Das Jahr 1968 wurde zu einem Wendepunkt, der zur größten Krise der jugoslawischen Nachkriegszeit führte. Die Philosophen der Praxisgruppe wurden aus der Partei und allen anderen gesellschaftlichen Organisationen ausgeschlossen, ihre Publikationsmöglichkeiten beschnitten. Professoren, denen die Parteiführung vorhielt, ideologisch Einfluss auf die Studenten ausgeübt zu haben, sollten von der Universität entfernt werden.

Trotzdem setzten die Philosophen und Soziologen der Praxisgruppe ihre Arbeit in diesen schwierigen Jahren 1968–1975 fort. Ihr wissenschaftlicher Ruf, die Solidarität innerhalb der Gruppe und der internationalen *scientific community*, nicht zuletzt die Tatsache, dass sich Jugoslawien seit 1948 bereits zu weit vom stalinistischen Modell des Sozialismus entfernt hatte, machten ihr Überleben in jener Zeit möglich.

In einer Selbstdarstellung aus dieser Zeit heißt es dazu:

„Dieser Widerstand war die Verteidigung von Leuten, die sowohl wissenschaftliches wie politisches Ansehen genossen, und er war gegründet in einer wahren demokratischen politischen Kultur. In Jugoslawien, wie überall, sind einfache Leute bereit zu glauben, dass das Land sowohl innere wie äußere Feinde hat. Aber anders als Leute in einigen anderen sozialistischen Ländern, sind sie nicht länger bereit, zu glauben, dass sich Sozialisten über Nacht in Feinde verwandeln, oder dass gute Genossen bekennen müssen, was immer in irgendeinem seltsamen, unbegreiflichen Interesse der Partei von ihnen verlangt wird. Deshalb klingen alle verleumderischen Bezeichnungen ... wie „Anarcho-Liberale", „Parteigegner", „Extremisten", „Feinde der Selbstverwaltung (!)", die man den Philosophen über Jahre hinweg angehängt hatte – eher als der Ausdruck von Wut, die irgendjemand hat, denn als reale Beschreibungen".

So weit der international renommierte führende Philosoph der Belgrader Universität in einem Essay über die Philosophie der Praxisgruppe, Mihailo Marković.(Boston 1979). Wir haben ihn mehrfach als Redner während der Sommerschule 1971–1973, und in Diskussionen selbst erlebt; am gleichen Tisch mit ihm gesessen und Wein getrunken. Und auch wenn wir nicht immer seiner Meinung waren, so hat uns doch sein humanistisches Credo beeindruckt. Vor diesem Hintergrund erreichte uns Ende der achtziger Jahre die Nachricht, er sei der führende Berater von Slobodan Milošević in Fragen ethnischer Säuberungen, wie ein Schock. Noch 1983 hatten wir ihn an der Universität von Hawai'i getroffen, wo er einer der Hauptredner auf einer Konferenz über „Global Future" war. Später erhielten wir dann ein Papier der Serbischen Akademie der Wissenschaften in Belgrad, in dem er unter dem Begriff von „Selbstbestimmung" forderte, dass alle Serben auch als Serben in einem serbischen Staat leben sollten. Das war kurz vor den ersten Unruhen im Kosovo, dem „heiligen Amselfeld" der serbischen Nation. Es war der Auftakt zu den grauenhaften Vertreibungen und Massakern auf dem Balkan.

Bis heute versuchen wir, diesen (national-sozialistischen) Rückfall in den „Blut und Boden Mythos" zu begreifen, vergeblich ... (psychologische Theorien über die prekäre Identität politischer Intellektueller helfen da nicht sehr weit.)

Intermezzo: Bootswerft Vela Luka

Aber zurück zum Grund unseres ersten Aufenthalts in Korčula: In Vela Luka wurden wir schon von den Meistern der Bootswerft, der *Brodogradalište*, erwartet. Von Deutschland aus hatten wir alle Vorbereitungen für den Kauf des Bootes, eines Motorseglers, getroffen; nun waren wir gespannt, ob es wirklich fertig geworden war. Ja, alles schien geklappt zu haben. Das Boot lag am Kai, auf den ersten Blick eine Schönheit, auf den zweiten allerdings eine Katastrophe: der Bootskörper, Beschläge und Holztür waren noch überall voller Farbflecken, ölverschmiert und verdreckt. Es galt also erst einmal „klar Schiff" zu machen; in diesem Zustand jedenfalls konnten wir mit dem Boot nicht aufbrechen zu unserer großen Fahrt nach Dubrovnik, wo Horst in der Kapitanija seinen Bootsführerschein erwerben sollte.

Ein abenteuerliches Unterfangen, denn als einziges Papier unterwegs konnten wir uns notfalls nur auf ein Schreiben der *Brodogradalište* berufen. Auf dieser ersten Reise mit dem neuen Boot hatten wir denn auch viele, zum Teil – ganz buchstäblich – gefährliche Klippen zu umschiffen; dazu Waldbrände, die dicke Rauchwolken übers Meer schickten, militärische Aktionen zu ihrer Bekämpfung, und last not least unerwartete Gewitterstürme. Dass wir heil im Hafen von Gruž ankamen, konnte zu Recht vom Kapitän der Behörde als praktische Prüfung anerkannt werden. Das war der Auftakt zu einer neuen Lebensform. Auf der Flucht vor dem Tourismus, der in jenen Jahren damit begann, die schöne Küste mit immer mehr Betonbauten zuzupflastern, verbrachten wir in den folgenden Jahren viele

Wochen zwischen den Inseln. Der alte Traum von der Einsamkeit einer Ferienhütte in einem Vinograd erfüllte sich nun auf andere Weise. In unserem Wanderboot lebten wir ähnlich naturnah wie am Anfang in Sćedro, diesmal jedoch als Wassernomaden.

Ein Wiedersehen mit Korčula

10. September 1987: Beim Gang durch die alte Stadt Korčula plötzlich in einer Seitengasse eine offene Tür; ein großer dunkler Raum, dahinter das Kino, in dem die Konferenzen der Sommerschule stattgefunden hatten, ein heruntergekommener Saal. Vor ein paar Jahren noch stand hier ein goldener Tito-Kopf vor dem roten Plüschvorhang. Er garantierte nach außen und innen die Grenzen der Kompromisse, und gab dem ketzerischen Unterfangen der Praxisphilosophen einen Schein von Rechtmäßigkeit. In jenen Jahren hieß es immer wieder, Tito werde die Sommerschule diesmal aber sicher verbieten.

Unvergessen sind die Umstände, unter denen wir damals – 1972 – an der Sommerschule teilnahmen: Es war ein sintflutartiger Regen, der ganz unerwartet auf das Kinodach trommelte und drohte, es zum Einsturz zu bringen. Draußen im Hafen lag derweilen unser Boot, mit dem wir zur Konferenz aus Maslinica angereist waren, und wir ahnten schon, dass sich unsere Kabine während des Vortrags mit Wasser füllen würde.

An diesem Ort also fand 1972 eine Tagung zum Thema „Freiheit und Gleichheit" statt, und Horst gab damals mit einem Vortrag über sozialpsychologische Aspekte der „Fraternität" sein Debüt auf diesem seltsamen internationalem Parkett. (Gajo Petrović hat ihn später für die Zeitschrift Praxis übersetzt.) Horst sprach weiter, wurde unterbrochen. Das elektrische Licht war ausgefallen und wurde durch Kerzen und ein paar Petroleumlampen dürftig ersetzt. Alle aber – so schien es – bemühten sich, diese Intervention nicht „symbolisch" zu verstehen; der Vortrag wurde fortgesetzt, die Diskussion eröffnet.

Es waren aber im Grunde weniger die oft recht akademisch vorgetragenen Beiträge zur „Kritik und Zukunft des Sozialismus" (Svetozar Stojanović), die uns an dieser Veranstaltung reizten; vielmehr waren es die

Gespräche am Rande der Sommerschule, zu der Teilnehmer aus aller Welt gekommen waren, bedeutende Philosophen und bekannte Wissenschaftler darunter (aus Princeton oder Bologna). Das Spektrum der Themen ging weit über die Fragen nach einem humanistischen Verständnis des Sozialismus hinaus (Erich Fromm); ich erinnere mich an abendliche Runden bei Rotwein und Fischgerichten, in denen sehr konkret von persönlichen Erfahrungen mit den Zeitläuften die Rede war: so zum Beispiel erzählte Wolfgang Walter Leonhard von seiner Jugend in Moskau, wo man ihn zum politischen Kommissar ausbilden wollte, oder Heinz Brandt von seiner Zeit im KZ und zwischen allen Fronten.

Heinz Brandt schrieb später über Wolfgang Leonhard in seinem Buch „Ein Traum, der nicht entführbar ist:

„... seine besondere Liebe gilt Jugoslawien ... Seine helle enthusiastische Stimme rührt die Zuhörer an ...Womit hat Wolfgang Leonhard seine Hörer fasziniert? Er zeichnete ihnen am Beispiel der Volksrepublik Jugoslawien das romantische Bild einer höheren, einer sozialistischen Demokratie. Tito und seine Partisanen, sein Märchenland, heben sich äußerst vorteilhaft von unserer grauen Wirklichkeit ab, die durch Stalin und Ulbricht repräsentiert wird:Immer noch warte ich auf meine Zeit. aber die Zeit kam nicht. Sie kam ganz und gar nicht ..." *(Ein Traum, der nicht entführbar ist: 1967/1977: 175-177).*

Rudi Supek, der Gründer der Praxisgruppe, berichtete damals von der ersten Konferenz zu Umweltfragen in Stockholm; in jener Zeit war das für viele der Teilnehmer ein fast exotisches Problem ...

Immer wieder aber fanden sich auch Leute zusammen, die Kunst und Literatur nicht für einen politischen Luxus, sondern für ihr Lebenselixier hielten. Für mich waren diese Abende nachhaltig wirkende Anregungen und im Grunde das Wichtigste dieser Zusammenkünfte. (So gestärkt machten wir uns denn auch daran, unser voll gelaufenes Boot wieder flottzumachen.)

Postscriptum: Beuys und der Hase

Später war zu diesen Fragen viel von Joseph Beuys zu hören: „Warum ein Hase klüger ist als ein Marxist" – blieb mir als Thema in Erinnerung, wurde aber für mich nie ausreichend begründet und analysiert.

Mein eigener Interpretationsversuch: Es handelt sich dabei um eine Überlebensfrage. Nichts ist dafür doch von größerer Bedeutung als die richtige, die adequate Wahrnehmung der Realität. Ein Hase kann es sich nicht leisten, die Wirklichkeit theoretisch zu durchdringen und zu ordnen, seine Welt in Begriffsschubladen zu verbannen. Er muss schauen, hören, erkennen, reagieren, wenn er nicht vom Fuchs oder Jäger erlegt werden will.

Zuhören, Hinschauen, auch die kleinsten, unscheinbarsten Veränderungen um ihn herum wahrnehmen – sind das die Fähigkeiten, die Tugenden des Marxisten? Oder weiß er zu viel im Voraus – genau!

(Und er wundert sich dann über Gorbatschow und den Untergang der DDR.)

Erinnerungen

13. September: Sonnenuntergang am alten Hafen. Blick aufs offene Meer, auf die schönen Steinhäuser am Rande der Stadt, wo wir vor Jahren anlässlich der Konferenz der Praxisleute vom Kulturattaché der Bundesrepublik zusammen mit Heinz Brandt, Jürgen Habermas und anderen Teilnehmern zu einem Empfang geladen waren. Blick auf die Pinien und Zypressen, die wie Scherenschnitte gegen den Abendhimmel stehen.

Erinnerungen, Erinnerungen... Und wenn es richtig sein sollte, dass man durch sie die Gegenwart entwertet (Krishnamurti), dann ist es – wie Horst mit Recht dialektisch dagegensetzt, auch ein Akt des gegenwärtigen Lebens, Erinnerungen wieder lebendig werden zu lassen. Ein Fischzug oder ein Krabbennetz, das man über die Fischgründe des Meeres zieht und nach oben hebt, um sich daran zu laben. Oder auch zu erschrecken? – zu vergewissern aber auf alle Fälle.

Wir haben hier auch noch einmal Heinz Brandts gedacht. Ich habe immer bewundert, wie sehr dieser Mensch nach all den Erfahrungen, die er in den Lagern und Gefängnissen seiner „Mitmenschen" verbracht hat

– 12 oder 13 Jahre, unvorstellbar! – wie sehr er dennoch an das Gute im Menschen glaubte! Seine jugendlich temperamentvollen Interventionen, oft im Stil und Habitus eines Feuerkopfs der Jugendbewegung, haben hier manchmal die Wirkung eines Steines gehabt, den man ins akademisch-sozialistische Wasser wirft. Immer wieder hat mich sein Vertrauen ins Leben beschämt.

Er war, indem er scheinbar ein Überbleibsel aus einer anderen Zeit, den 20er Jahren der Jugendbewegung war, im Grunde seiner Zeit voraus, ein zu früh gekommener „Grüner", ein Mann, der mit den ganz Jungen, den „Enkeln" der Linken und neolinken Theoretiken, besser zurecht kam, als mit der eigenen Generation der Betonsozialisten und linientreuen Marxisten, oder den Funktionären des „realen Sozialismus". Ich habe kürzlich mit großer Anteilnahme in seinem Buch gelesen: „Ein Traum, der nicht entführbar ist". Bei aller Differenz zur eigenen Position: mich hat seine quer zu allen Richtungen der politischen Kämpfe der Linken beharrliche, unbestechliche Humanität tief beeindruckt.

Noch kurz vor seinem Tode hatte er wegen Afghanistan eine scharfe Anklage in der Zeitschrift *Pogrom* an die Adresse der sogenannten Linken gerichtet, ihre Blindheit gegenüber Menschenrechtsverletzungen durch die Sowjetunion angeprangert. Vor dem Hintergrund von Auschwitz, das mit einer KZ-Nummer auf seinem Arm ihm (und uns) stets gegenwärtig war!

Horst verdankte ihm auch den Kontakt zu Erich Fromm und unvergessliche Tage in Locarno, wo er in langen Gesprächen mit dem großen alten Mann eine Art Bestätigung seines eigenen Wegs erfuhr. Viele kleine Episoden fallen mir noch ein: das letzte Wiedersehen in der U-Bahn von Frankfurt: wir begrüßten und verabschiedeten uns mit einem Kuss zwischen zwei Zügen ... Wir werden seiner Frau in diesem Sinne einen Gruß aus Korčula schicken.

Erinnerungen als Gegenwart hier in Korčula.

Korčula und die Deutschen

Diese Tage hier sind so schön, dass es uns nicht schwer fällt, uns mit beinahe allem zu versöhnen ... üblichen kleinen Missverständnissen und Schlampereien.

Die Kellner und die Mädchen vom Schank begrüßen uns freundlich, eine junge schwarzhaarige Person lässt uns grüßen, „extra"! – wohl weil wir neulich mit ihr und ihrem neunjährigen Töchterchen gesprochen hatten. Dass wir etwas von ihrer Sprache verstehen, und sie mit einigermaßen brauchbarem Akzent sprechen, hat uns hier ungebührlich viel Lob eingetragen und beschämt. Als Deutscher wird man hier, wie ich finde, schon beinahe zu freundlich aufgenommen; als habe es den faschistischen Terror hier nur in den Geschichtsbüchern gegeben. Dabei, wer Augen hat zu schauen, findet dessen Spuren überall: Die Klöster in Badija und in der Stadt das Mutterhaus der Dominikanerinnen mit zehn frischen Engeln aus Stein, die offenbar einer jüngeren Stiftung zu verdanken sind, waren einmal Krankenhaus der Partisanen.

Ina Jun Broda, Journalistin aus Wien und damals als Krankenschwester bei den Partisanen, hat uns schreckliche und tragikomische Geschichten aus dieser Zeit erzählt. Es fehlte an allem für die Versorgung der Verwundeten; man musste sich immer wieder notdürftig behelfen. Dabei kam es zu grotesken Situationen. So konnte ein Verwundeter sich nicht über seine verschmutzten Haare beruhigen; er bestand darauf, es ginge um sein Leben, unbedingt mussten sie gewaschen werden. Aber es war kein Wasser zur Hand; da griff er sich zu diesem Zweck – und zum Entsetzen der Schwester – eine Flasche mit den unersetzlichen Desinfektionsmitteln.

Vor 43 Jahren , am 13. September 1944, wurde Korčula von den italienischen Besatzern befreit, und überall sah man damals plötzlich strahlend rote Fahnen über den Dächern und Mauern. Nur der Kirchturm, von einem Baugerüst auch für die Zukunft sichtbar gestärkt, ragte weiterhin hoch über die alte Seefestungsstadt als Wahrzeichen auf. Heute gibt es kaum noch sichtbare, öffentliche Erinnerungen an den Befreiungskampf der jugoslawischen Völker.

Stadtmuseum

Geschichte in Stein gehauen: die Heiligen, Helden, Engel. Im offenen Fenster eine graue Taube; ihr Schatten fällt auf das besonnte Gemäuer des verfallenen Palais gegenüber, wenn sie – erschrocken vom Besucher oder dem eisernen Maschinengewehr im Ehrenraum für den Widerstand? – auffliegt. Die Gesichter der Menschen, Töchter und Söhne der Stadt, die im Widerstand starben, finden sich wieder, auferstanden aus Fotos und Vitrinen, in den Verkäuferinnen und Kellnern der Stadt. Schöne, sanfte Gesichter mit großen dunklen Augen, typische Dalmatiner mit weichen Zügen und einem Hang zur Melancholie. Alte Fotografien, unwiederbringliche Dokumente, werden bald nicht mehr sein als vergilbtes Fotopapier. Trümmer eines erbeuteten Volksempfängers, die Vorgeburt einer Schreibmaschine für geheime Befehle, die auf einer schwarzen Gummirolle vervielfältigt wurden, Waffen und Geräte sehen heute schon aus wie Schrott. Spuren von Wasser, von Feuer. Woher? Der „Partisan" in Originalgröße ist aus Gips, rot angemalt und verblasst.

Was die jungen Leute davon noch wirklich verstehen? Die Moped-Fahrer, Walkman-Aspiranten, Disco-Tänzer? Eine kleine Gruppe „Stadtindianer", will den Hotelgästen demonstrieren, wer hier zu Hause ist, und dass es sie auch noch gibt. Ähnlich wie ich das in Hawaii beobachten konnte, sind es die einheimischen Jugendlichen, die dann oft, weil sie keine politische Stimme haben, versuchen mit kriminellen Methoden auf die Ungerechtigkeit ihrer Situation aufmerksam zu machen, indem sie beispielsweise in den Pool des Hotels pinkeln. In diesem sogenannten „sozialistischen" Land, gibt es offenbar keine Instanz, keine Initiativen, die diesen jungen Rowdies, die lärmend durch die Gassen rasen eine Anleitung zu anderen Formen des Protests vermittelt.

Aber wenn man andererseits die Betreuung und Erziehung der kleinen Kinder hier beobachtet, dann wird es in Dalmatien noch lange diese liebenswert widersprüchlichen Charaktere geben, gastfreundliche, stolze, liebenswürdige, ruppige, unpünktliche, großzügige, starke und zarte Leute, schöne, altmodisch liebliche Mädchen und gut gebaute Männer, alte Dalmatiner mit der Würde von Häuptlingen oder Königen, lebensfrohe Philosophen, die wie Rudi Supek mit einem Ruderboot zum Fischen fahren oder auch von der gegenüberliegenden Küste zur Sommerschule anreisen. (Und unser Freund Miro, beweist er uns nicht auch, wie sehr sich die Menschen hier verändert haben – „verändert", „entwickelt" ? – Die andere Seite dieser Medaille.)

Urlaubsfreuden

Die Menschen, die heute hier Ferien machen, entsprechen beinahe vollständig der Gesellschaft, in der wir leben. Wir sind es, die manchmal etwas anomal sind Outsider. Die fröhlichen Engländer am Nachbartisch aus der Gegend von Bristol sind die erfreuliche Ausgabe dieser Touristen – oder ebenfalls Ausnahmen? Eigentlich sind sie alle friedliche Menschen, hier aus halb Europa zusammengekommen, um Meer und Sonne zu genießen.Und wenn es auch kein Garten Eden ist, so ist es doch ein verträgliches Zusammenleben am Strand; fast schon eine Utopie, wie man sie sich an diesem Ort vor 43 Jahren, nach der Befreiung von den Faschisten, nicht hätte träumen lassen.

Ein Tag, angefüllt mit Lebensfreude. Ausflug nach Badija, auf den Spuren alter Bootsfahrten 1971, 1972. Nostalgie im Hinterkopf. Das Kloster ist schon seit langem eine Sportschule, Trainingsort für sozialistische Spitzensportler, ein irgendwie trostloser Komplex aus Beton und Disziplin, die allerdings dauernd durch Schlamperei und *Laisser-faire* durchlöchert wird. Also doch keine so strenge Ästhetik, die Sparta verkörpert, und an das man sich beim Anblick der vielen jungen Männerkörper erinnert fühlen könnte. Mittags am FKK-Strand ein kleines ordentlich geführtes Restaurant und ein gutes Zahnbrassengericht.

Am Tisch nebenan unser neuer Freund, der kleine Sternengucker. Abends beim Tanzen auf der Terrasse war er zu uns gekommen, fragte, ob wir einen Stern kennen, der ihn offensichtlich sehr beeindruckt hatte. Er beschreibt ihn mit erhobenen Händchen und zwinkernden Bewegungen der Finger: *Twinkle, twinkle, little star* ... Keine Ahnung. Vielleicht der Mars? Der Junge heißt Benjamin, ist ungefähr fünf Jahre alt und gehört zu einem Paar, das uns schon aufgefallen war. Er Pfeifenraucher mit einem mächtigen Schädel. Sie eine zierliche blonde Italienerin. Uns schien, wir hätten sein Gesicht schon irgendwo gesehen. Aber wo? Nun gab uns der schöne Zackenbarsch Gelegenheit zu einem Gespräch über Fische. Wollen Sie mal probieren? Ja, gern – und das war dann der Anfang von vielen Gesprächen über Korčula, die Sommerschule, „Gott und die Welt" und Jans Vater, Ernst Bloch.

Sternenkundlerin

*Helena – dreiundzwanzig Jahre
Sternenkundlerin mit Diplom
halbmondförmigen Brüsten
und aufrechtem Gang –
kein Geschöpf für Kongresse*

*aber zuständig
für die nächtliche Beobachtung
des Sommerhimmels
über der Insel Hvar*

*zählt und zählt und zählt
alle Sternschnuppen
im August*

*und studiert gemeinsam mit ihren Freundinnen
die Bewegung der Himmels-
körper in ihrer Beziehung zum
Mond –*

*Ordnung und Chaos –
oberhalb des unberechenbaren
Sommertags auf der Insel wo die Körper
der Menschen fischförmig
ausschwärmen sonnensüchtig
zwischen ihren Kaufhaustaschen
und Flaschenscherben alle Felsen
bevölkern – nackt und vergnügt –*

*ganz aus der Nähe betrachtet
ist Helena ein schutzlos
auf die Erde gefallener Stern
ein weiblicher Mond
oder Fisch*

unberechenbar

Dubrovnik: Krieg und Frieden

Reise zu Freunden. Aus dem Tagebuch 1993 und 1994

Mit dem Blick auf die unverwüstlichen, Jahrhunderte Unabhängigkeit garantierenden Festungsmauern der Stadt; mit dem Blick auf das ewig schöne, vertraute und unberechenbare Meer, kleine Holzboote, die vereinzelt die vom Jugo leise bewegte Wasserfläche zwischen dem Hafen und der Insel Locrum mit tuckerndem Motor durchqueren; die Andeutung einer Brandung am verlassenen Hotelstrand; Durchblick durch die fein gemeißelten hellen Säulen aus weißgelbem Kalkstein, die hängenden Ranken des Weins, die vom leicht mit Bambus gedeckten Dach zu uns hinunterreichen ... Stille und Geborgenheit – ein schmerzvoller Kontrast zu den Nachrichten des Tags, die sich hier aller Vorstellungskraft verweigern.

Gestern im Flugzeug: dicke Schlagzeilen in der *Slobodna Dalmacija* über den Krieg nebenan: Zwischenfälle mit der NATO, mit Helikoptern, die die großen Fährschiffe „Slavija" und „Tika" gestoppt hätten (das entziffern wir einigermaßen). Provokation, sagen die kroatischen Medien, die sich in eine propagandistische Stimmung gegen NATO und UNO hineinsteigern – manövrieren lassen? Die Blockade der Serben auf dem Rücken der Kroaten – wie sich eine Mitreisende empört dazu äußerte. Die Leute auf den Schiffen hätten große Angst gehabt – erzählt man uns dann. Wir hätten das miterleben können, werden selber vielleicht nächste Woche in die gleiche Lage kommen.

Nirgends auf den ersten Blick ist der Krieg sichtbar. Und doch allgegenwärtig, vor allem durch eine große Verlassenheit und Lähmung, die den bunten, munteren Betrieb abgelöst hat. Es klingt – und ist vielleicht auch – zynisch, wenn man heute davon spricht, wie sehr sich diese schöne Küste nun von den Menschen zu erholen beginnt. Diese Landschaft, die ihre Menschen nicht leicht, aber gut ernährt mit Fischen, Wein, Oliven und Gartenfrüchten, hatte sich aber in den letzten Jahrzehnten so heftig mit dem Tourismus eingelassen, ja sich in vielem von ihm abhängig gemacht, dass sie heute ohne ihn wie eine verlassene Braut daliegt: überall noch die Hotels und Strände in den schönsten Buchten, an den eindrucksvollsten

Felshängen – wie das *Argentina* hier – die ihre Arme sehnsüchtig nach dem Besucher ausstrecken.

Wir sind also willkommen! Und das hat letzten Endes den Ausschlag gegeben, diese Reise zu machen. Aber ist sie 24 Stunden nach unserem Aufbruch in Kassel noch ein Wagnis? Wir selbst waren uns zwar des Risikos bewusst, vor allem des emotionalen, aber im Grunde dann doch eher zuversichtlich, nachdem wir erfahren hatten, dass es Verbindungen gibt und dass die Leute sich freuen würden, vor allem auch nicht darben, gar hungern müssen. Schwer, schon heute darüber viel zu sagen, nur soviel, die „Normalität" ist erschreckend: im Flugzeug deutet nichts daraufhin, dass wir durch mörderische Zonen fliegen ...

Im Flug: wir erkennen Hvar unter uns, Starigrad. Uns bleibt fast das Herz stehen! Die erste Insel, die ich im Meer wiedererkannte, es muss wohl vor den Kornaten gewesen sein, tauchte aus dem Dunst, den Wolken, dem glänzenden Wasserspiegel auf wie ein schwarzer rechter Fuß! „Do not walk out of this area" heißt die warnende Aufschrift auf dem silbernen Flügel der Boeing neben meinem Fensterplatz. Eine dicke schwarze Linie markiert die Grenze zwischen sicherem Gehen auf diesem metallischen Tragflügel und dem tödlichen Absturz ins Meer tief unter mir!

Nur neun Passagiere reisen von Split weiter mit uns nach Dubrovnik, ein Flug wie nach Mount Hagen (in Papua) vor einer ungewissen Landung. Wir sehen auf beiden Seiten Land, Meer und Inseln, wie wir sie von unseren Bootsfahrten kennen. Wir erkennen nun doch die Wunden, die dieser unbegreifliche Krieg dieser Stadt geschlagen hat: zerstörte Häuser, verbrannte Bäume, verbranntes Land. Und Čilipi, eher ein Mondlandeplatz als ein Flughafen: technisch alles bereit, große gelbe Gerätewagen, Feuerwehr, Schachbrettfahne und zwei Soldaten im Tarnzeug – als Wache oder als Warnung?

Wir sind die einzigen, die hier keine Verwandten besuchen, werden von einer freundlichen Frau aus Lopud, die jetzt in Wiesbaden lebt, in die Stadt zum Hafen Gruž mitgenommen..

Es hat gerade zwölf Uhr geschlagen; nur die Geräusche des Wassers, eine ferne Kinderstimme, ein Möwenschrei sind zu hören. Tiefer, tiefer Frieden – die Tröstungen der Natur! Noch immer, fast betäubend, der Duft der Mittelmeergewächse, der Pinien um uns herum. Der Oleander blüht unbekümmert um alle Gräuel, solange die Granaten nicht gerade in seinen Strauch eingeschlagen sind. Aber auch die Stadt lebt weiter in dieser Spannung zwischen Zerstörung und Wiedergeburt. Noch immer gelähmt, als ob sie es nicht fassen könnte, dass man ihr so etwas in unserem Jahrhundert antun könnte, erstarrt im Hafen, im Verkehr, in den Geschäften.

Und dann die Explosion des Lebens am Abend: beim Gang in die alte Stadt zwischen 9 und 10 Uhr, erleben wir eine große Party der Jugend; auffallend schöne junge Mädchen und Jungen, fröhlich, schick, voller Unternehmungslust, bevölkern die Stradun, die Flaniermeile mitten in der alten ehrwürdigen Stadt. Was für eine Freude für uns! In diesen jungen Leuten wird der Hass nicht wurzeln schlagen, nicht auf Dauer der Krieg eine Heimat finden. Und auch wer solche Kinder hat, der will im Grunde den Frieden.

Für mich auch ein heilende Erfahrung: die Gegenwart in diesem Lande nicht nur von außen, von der Seite des politischen und moralischen Desasters zu betrachten; mitfühlen, nicht nur mit den Leiden der Vertriebenen, sondern auch mit der berechtigten Freude einer jeden Generation, die Zukunft noch vor sich zu haben; sich zuzutrauen, sie anders zu gestalten, nicht mit Hass, sondern mit allen möglichen neuen Einsichten, Verhaltensweisen, Dingen, die wir nicht alle kennen müssen, aber die auch wieder mit Liebe zu tun haben werden. Schon heute damit zu tun haben.

Geburtstag – Wir erinnern uns – Motto der Reise

10. September 1993: Ein stürmischer Jugo begrüßt mich heute an meinem Geburtstag mit grauen schwammigen Wolken, bewegtem Meer, wild raschelnden Palmwedeln unter dem Balkon. Die berühmte Stadt präsentiert sich in grauer Strenge; nur die noch unzerstörten roten Ziegeldächer leuchten wie immer, und der kleine Pinienwald hinter den Stadtmauern, der gottseidank die Beschießung überlebt hat, erfreut mein Gemüt. Ich schlage ein Buch auf und lese (zufällig?) den präzise auf meine Situation bezogenen Kommentar bei Pedrag Matvejević über den Regen, und was er für die Bewohner der Küsten bedeutet. Ich kann mich gut einfühlen in den sehnsüchtigen Wunsch nach dem heilenden Nass – alles ringsum blüht auf, erfrischt sich, duftet intensiv nach Leben. Diese eigentümliche Mischung der Düfte stimmt mich hoch, und in Verbindung mit dem Jugo betäubt sie

mich auch. Gut, dass es nicht dabei bleibt, dass die Sonne am späten Vormittag wieder die Oberhand gewinnt, wir im wildbewegten Meer schwimmen können ...

Mittagessen im Restaurant Victoria der Villa Orsula, die zum Hotel gehört und uns nun zur Verfügung steht, weil zu wenig Gäste im *Argentina* den Betrieb dort nicht lohnen. Es sind vor allem Journalisten, z.B. vom BBC oder aus Norwegen, Leute von der UNO. Ich bin gerührt über die Aufmerksamkeit der Hotelleitung (mir ist auch bewusst, wie genau man unsere Pässe studiert hat): unsere Sobarica stellt drei kostbare Gerbera im Zimmer auf; eine Flasche Sekt kroatischer Provenienz steht eisgekühlt im Kübel mit einem Glückwunsch des Direktors Niko Koncul. Ich feiere diesen Tag wie immer tagelang. Diese Reise gehört dazu ...

Wir wollten schon seit einiger Zeit den Versuch unternehmen, zu kommen, selbst zu sehen, wie es den Menschen geht. Glückliche Umstände (Chairos, Konstellation?) halfen uns einen schnellen Entschluss zu fassen: eine Radioreportage des Hessischen Rundfunks über Dubrovnik, als ich gerade in der Küche arbeitete und ein Anruf aus Paris von Miro, der sich mit uns in Köln treffen wollte, waren Entscheidungshilfen – am wichtigsten: die konkrete Botschaft aus Dubrovnik, man wünsche sich so sehr, dass wieder Besucher kommen. „Ich bin jeden Tag ins Büro gegangen, auch während der Belagerung und Beschießung", erklärte eine Frau, die als Leiterin des Atlas-Reisebüros gearbeitet hatte. „Ich wollte ein Stück Normalität haben, das Gefühl, zu leben. Die Isolation ist schrecklich."

Diese Reise, die als Freundschaftsdienst gedacht war, bedeutete zunächst ein kleines Opfer an Bequemlichkeit; dann aber auch Vorfreude, Ängste, Planungsüberlegungen (bis hin zu Notizen für eine Art Testament). Nun belohnt sie uns mit der unglaublichen Lebendigkeit des Ortes, die uns, gerade auch mit ihren Schattenseiten, eine neue innere Orientierung abverlangt. Kinder und Soldaten in den Straßen. Granateinschläge, dürftig repariert, neben einem explodierten Granatapfel, der seine transparenten, glashellen rotgelben Kerne auf der Mauer chaotisch geordnet verstreut hat. Die sonnensatten Bilder des Malers Josip Trostmann (was für ein Name!) in der Galerie gegenüber.

Das Gegenstück zum Granatapfelmotiv: über dem kleinen Frauenkloster am Meer steht eine Art Stalinorgel auf einem gepanzerten Fahrzeug in der prallen Sonne, ganz ohne Bewachung. Die Soldaten sitzen ein-, zweihundert Meter entfernt im Schatten der Pinien des Parks und haben dort ein improvisiertes Lager aufgeschlagen: eine Waschschüssel ist zu sehen, ein Blumenstrauß in einem Plastikbehälter, irgendwelche Funkgeräte, Radio, Klamotten; zwei Burschen in Khaki-T-Shirts und gefährlich gefleckten Stiefelhosen sitzen gelangweilt herum; einer füttert Weißbrotbrocken an ein paar kleine verängstigte Goldfische, die sich offenbar nicht sicher sind, ob dies hier eine Falle ist. Aber was sollen sie machen? Was sollen sie fressen in diesen ungewissen Zeiten.

Die behäbigen, arrogant blitzenden Fahrzeuge der UN-Flüchtlingskommission; Fahrer mit girl-friend im sonst autofreien Bereich des alten Stadttors. Was für Bilder, Kontraste, Extreme; das Wort „explodieren" – das alles muss neu buchstabiert, vielleicht auch im Sinne Matjević neu klassifiziert werden, als ein neues Lebensalphabet, so wie es in dem von Horst beschriebenen Bild des Höllenflügels dem Paradiesgarten gleichberechtigt gegenübersteht. Boschs Garten der Lüste, eine symbolische Darstellung der Welt seit Menschengedenken.

Auffallend, vom Schwimmen im Meer her gesehen, der Unfug der Festungsanlagen über der befestigten Stadt: alle Mauern gegen einen nicht vorhandenen Feind seewärts ausgelegt. Aber der Krieg kam nicht von der See über diese Stadt; er kam von den eigenen „Volksarmisten" oben in den Bergen, aus dem Hinterland (und Hinterhalt), an den offenbar niemand gedacht hatte. Heute früh wurde ich von einem Flugzeug aufgestört; das ist jetzt so selten, das man immer nachfragt, ob es „normal" ist. Nur in Tonga, auf der Insel Ha'apai war ich ähnlich abgeschnitten von allem Verkehr. – Aber das war bei den Antipoden, und nicht mitten in Europa..

„Wir erinnern uns!" – wird zum Motto unseres Aufenthaltes.

Besuch bei den Freunden. Kurz entschlossen planen wir einen dreitägigen Ausflug nach Hvar von Dubrovnik aus. Seit einem Drittel Jahrhundert (1961–1993) ist unser Leben mit dieser Insel verbunden. Rückblick auf unsere Reisen. Als wir 1991 über die Inseln hinweg, an unserem Hvar vorbei nach Korfu flogen, kam uns das beinahe wie Verrat vor. Nun also ein Wiedersehen in einer total veränderten politischen Landschaft. Nie hat dieses Land ohne Probleme und Konflikte existiert, aber was nun geschehen ist, übersteigt unsere Phantasie.

Wir fahren am Donnerstag früh um 8 Uhr zum Schiff. Der Hafen ist aufgeräumt; kieloben rostet die „Adriatic"; schwarz verkohlte Reste eines Hafengebäudes, dem die oberen Stockwerke fehlen. Ruinengrundstücke. Die „Liburnija", legt pünktlich um zehn Uhr ab zu einer Seereise bei herrlichstem Sonnenwetter: Alle Stationen unserer alten Bootstage liegen auf ihrem Weg. Šipan, Mljet, Korčula, Sćedro, ach, die vertrauten Buchten, Inseln und Inselchen, wo wir mit unserem geliebten Kabinenboot unterwegs waren, geschwommen sind, geschlafen haben. Vom Liegestuhl aus wandern die Bilder wie ein Film in Zeitlupe an uns vorbei.

„Wir erinnern uns!" – das Motto unserer Reise. So sind wir auch in den siebziger Jahren zur Sommerschule nach Korčula gereist; aus den Liegestühlen an Deck wurden damals im Handumdrehen die seltsamsten philosophischen Lehrstühle mit so bekannten Namen wie Habermas oder Arnold Künzli. Die innere Spannung und Vorfreude ist groß. Wir haben die Freunde, Miro, auch Vesna und Nikola, die Eltern, so lange nicht mehr gesehen. Und jetzt unter solchen Umständen! Auch Mikula wird da sein ... Werden sie uns abholen?

Als das Schiff schließlich langsam in den Hafen einläuft, bleibt mir fast das Herz stehen: So, als sei nichts geschehen, so schön wie immer, wie beim allerersten und beim allerletzten Mal liegt diese wunderbare kleine helle Stadt, ein venezianisches Schmuckstück, im blauen Meer, umgeben von Gärten, die die steilen Berge hinaufsteigen, von Pinien begrünt ... Der Korso mit seinen Palmen, die blankgetretenen Steine, die wie Marmor glänzen ... Wieder in Hvar, man müsste ein Lied dazu singen .. Miro ist da, wir entdecken uns schon vom Schiff aus und fallen uns in die Arme – wie früher, als wären nicht Jahre vergangen. Aber wir hatten ja immer voneinander gehört. Und unsere Zeit der Wasserseminare, Fischfangexkursionen, Baupläne in Sćedro sind frisch im Gedächtnis.

Bildungsreise – ein Rückblick

Manchmal braucht es einen Anstoß von außen, um lang gehegte Pläne zu verwirklichen: Wir waren seit unserer allerersten Rundreise durch Jugoslawien 1957 mehrere Male in Dubrovnik gewesen und hatten natürlich auch die Sehenswürdigkeiten der Stadt wahrgenommen; allerdings war unsere Bildungsbeflissenheit als Studenten damals begrenzt. Land und Leute, die täglichen Erfahrungen mit unbekanntem Leben standen auf unserem Programm, schließlich – nach arbeits- und regenreichen Wochen in Göttingen – Sonne und Meer.

Wir entschlossen uns damals über Nacht zu einer Exkursion nach Dubrovnik. Es war eine Flucht vor dem in diesen Tagen nicht endenden Baulärm: Mit dem Tragflügelboot, vorbei an unseren vertrauten Inseln Šćedro, Korčula, Šipan, frühmorgens noch im sommerlichen Dunst, waren wir schon zwei Stunden später im Hafen von Gruž. Diesmal wollten wir mehr wissen über Kultur und Geschichte dieser alten Stadt, und wir schlossen uns einem englischsprechenden Reiseführer an, einem stolzen Dubrovniker, der uns neue Einblicke vermittelte. Eindrucksvoll, an erster Stelle, der Rektorenpalast mit seiner Weiträumigkeit, seinem feudalen Pomp als Repräsentant der Adelsrepublik. Das Kloster der Franziskaner mit der ältesten noch tätigen Apotheke Europas.

Wir gewinnen eine Vorstellung vom geordneten Zusammenleben der Menschen in diesem Gemeinwesen; es waren freie Bürger, keine Untertanen, die ihre Führung selbst bestimmten.

Für Horst auch ein demokratisch weiter zu entwickelndes Modell für überschaubare Kommunen in der Gegenwart. Beim Gang über die alten Festungsmauern wurde uns aber auch vor Augen gestellt, welchen Preis die Bürger dieser Gemeinde immer wieder für ihre Freiheit zahlen mussten. Die Wehrhaftigkeit gegenüber Byzanz, Venedig, oder den Türken war im Grunde die Voraussetzung für das Gelingen diplomatischer Verhandlungen, mit denen die Republik erfolgreich die Jahrhunderte überstand. Und doch – wie wir heute im Rückblick auf die Belagerung und Bombardierung der zwar befestigten, aber zivilen Stadt (1991) erkennen müssen – war es letzten Endes der Widerstandswille ihrer Bewohner, die den Angriffen der „Volksarmee" standhielten und sie so gerettet haben.

Vela Gospa – und die Kirche der Kleinen Brüder

Nach einer heftigen Gewitternacht mit prasselndem Regen und lang andauerndem Wetterleuchten klare, frische Luft, ein himmelblauer Himmel, wie er im Buche steht – ein Festtag also.

Heute ist *Velika Gospa* oder *Vela Gospa*, ein großer kirchlicher Feiertag der Marienverehrung in diesem katholischen Land. Wir kennen ihn aus Maslinica-Tagen. Im Hotelfernseher wird schon morgens eine große Messe übertragen, weiße Priester, Messknaben im Bild, der Ton erreicht uns noch im Kanal der *piped music* in der goldenen Luxustoilette der Vila Orsula, also bis in die letzte private Zelle, mit Gebeten und liturgischem Gesang – eine ungewohnte Erfahrung.

Wir gehen früh in die Stadt, wo festlich gekleidete Menschen unterwegs sind; ein leichter Wind kommt auf, Vorläufer einer Bora? In einer Parallelstrasse zur Stradun sehen wir eine Kirche offen stehen, nähern uns zögernd, als wir die drei UN-Musketiere von der *Food-Organization* aus der Kirchentür kommen sehen. Man winkt uns herein, und wir erkennen sofort die Fremdheit des Raumes und der Bilder, entdecken Ikonen, kyrillische Inschriften, die wir nicht entziffern können. Einige jüngere Männer klären uns mithilfe eines englischen Textes auf: Dies ist die Dubrovniker serbisch-orthodoxe Kirche „Holy Annunciation". Sie scheinen sich über unseren Besuch zu freuen.

Wir sind überrascht. Ein, zwei Dutzend Kerzen brennen im Wasserbecken; die Kirche wird also weiter besucht – in einer Stadt, deren katholische Kathedrale, Klöster und Kirchen von serbischen Granaten beschossen und zum Teil zerstört worden sind. Auch diese Kirche zeigt Wunden. Es fehlen Glasscheiben; Splitter haben Löcher in die Wände gerissen, aber keine Spuren von Verfolgung und Racheakten. Dubrovnik ist eine weltoffene, eine tolerante Stadt, noch im Angesicht unvorstellbarer Barbarei der „Volksarmee" und der Četniks.

Aber man ist wortempfindlich geworden. Im Gradska Kavana müssen wir dazulernen: unsere bescheidenen Sprachkenntnisse, die wir immer als „Serbokroatisch" bezeichnet hatten, sollen nun als „kroatische" gewissermaßen zivilisiert werden. Die Kellnerin verbessert Horsts „Tačno" zu „Točno", freundlich, aber bestimmt, mit dem schlagenden Argument, man könne für Ersteres, weil es serbisch sei, heute seinen Kopf verlieren! Die kleinen, nicht nur feinen Unterschiede da, wo sie im Grunde, oder auf den ersten Blick, nicht schwer zu wiegen brauchten. Aber wer setzt fest, was bedeutsam ist und was nicht?!

In Frankfurt, am Schalter der *Croatian Airline*, riss der höfliche junge Angestellte am Desk den Aufkleber der „Jugoslovenski Aero Transport" mit Abscheu von meinem Koffer; halblachend kommentierte er „Das haben wir nicht gern." Ich darauf: „Ich will ihn aber behalten, als Souvenir, als historisches Dokument." – Und er beeilte sich, ihn wieder aus dem Papierkorb zu fischen.

Am Rande des Krieges gibt es nicht nur Ungeheuer, Militärmachos und -monster. Es gibt Menschen, Menschen aller Altersstufen, viele Jugendliche darunter: Sie gehen heute Abend zu einer Wohltätigkeitsveranstaltung. Das Konzert soll in der Kirche der kleinen Brüder stattfinden. Die Tickets bekommt man bei zwei kultivierten älteren Frauen, die an einem Tisch vor der Kirche die Karten verwalten – leider alle schon vorbestellt. Das ökumenische Programm verspricht hohes künstlerisches Niveau. Wir kommen zu spät ... Was tun?

In der Erwartung, dass man vielleicht im Klosterhof an dieser musikalischen Darbietung teilhaben kann, schleichen wir uns in den Kreuzgang des Franziskanerklosters. Wir setzen uns auf die Balustrade, zwischen die zerstörten, zierlichen Säulen; in ihrem Wundverband von Holzverschalungen sind sie immer noch der beherrschende Eindruck im matt beleuchteten Innenhof, wo einige der Pflanzen immerhin überlebt haben.

Es erklingt a-capella Musik: mittelalterliche Lieder, jüdischer Gesang, Spirituals – mit klaren tiefklingenden Stimmen gesungen. Wir verweilen in Andacht und Bewunderung für den Überlebensgeist dieser Stadt!

Fragmente des Schreckens

Aus dem Tagebuch: Dubrovnik am 12. September 1993:
Heute morgen in der Stadt, eine frische Brise, wir sind gut zu Fuß, stärken uns noch mit einem Espresso im Gradski Café. Horst ist mit Berta Dragicević verabredet; (sie ist die Seele des Instituts.) Wie wird es mit dem

Inter University Center (IUC) weitergehen? Wie mit ihrer Arbeit dort – das ist die Frage! – Das schöne Haus ist zerstört, die Bibliothek niedergebrannt. Aber das soll, das wird nicht das Ende sein. Die internationalen Seminar-Programme zu Fragen der Zeit sind jetzt wichtiger denn je. So jedenfalls sehen es beide.

Berta Dragicević erzählt uns dann beim Lunch von der Belagerung und Beschießung der Stadt, ihren Erlebnissen und Erfahrungen; man wollte die Bevölkerung offenbar so mürbe machen, so lange terrorisieren, bis Dubrovnik den Belagerern als Beute wie eine reife Frucht zugefallen wäre. Die Bewohner sollten die Stadt verlassen „mit einer Plastiktüte in der Hand". Die überzähligen Offiziere der jugo-serbischen Armee – sie sagt, „die Terroristen und Banditen der Volksarmee" sollten dann nach diesem Plan in Dubrovnik residieren, Belgrad einen Zugang zum Meer gewinnen.

Ich erinnere mich an Fernsehbilder von der beginnenden Evakuierung der Stadt mit dem großen Schiff, der *Jadrolinja*, (mit dem wir so oft unterwegs waren) ...

Das Hotel *Imperial* wurde, wie uns der Hausmeister berichtet, von den *Volksarmisten* gezielt mit 50 schweren Granaten beschossen und in Brand gesetzt. Unter den 500 Flüchtlingen, die nach der Brandschatzung ihrer Dörfer dort Unterschlupf gefunden hatten, wurden drei getötet und 16 verletzt. Für eine propagandistisch geschürte Hassvorstellung galt offenbar das *Imperial* als Symbol feudaler oder kapitalistischer Lebensart; und die einzige Lektion des Marxismus, die bei diesen Leuten hängengeblieben ist, lautete wohl, dass man den Klassenfeind vernichten müsse.

Für die *Volksarmisten* war scheinbar die ganze Stadt ein „Hort des Kapitalismus", denn der Wohlstand selbst der einfachen Bürger dieser Stadt, der sogenannten kleinen Leute, kontrastierte schon seit undenklichen Zeiten mit den ärmlichen Lebensverhältnissen der rückständigen – um nicht zu sagen „primitiven" Verhältnissen – der Bergbewohner des Hinterlandes. Uralte Ressentiments! – Gefühle, wie wir sie nur wenig abgewandelt hinter konventionellem Verhalten, gut genug kennen – als Konkurrenz, als Mobbing – in jedem Büro, in unseren Universitäten, im Geschäftsleben, in Parteien und Gewerkschaften. Ihre zerstörerische Wirkung allerdings, ist nicht in gleicher Weise augenfällig.

Was immer man zu dem Nationalitätenwahn hier sagen mag, sicher ist die kriegerische Aggression nicht von dieser Gegend ausgegangen. Wie hätte sich Dubrovnik leicht vor der Zerstörungswut der Soldateska in den Bergen schützen können, wenn es einen solchen Überfall erwartet hätte, die Berge über der zivilen und offenen Stadt mit ihren Militärstationen waren offenbar nur von Belgrad-hörigen Truppen besetzt.

Ein kleiner Zwischenfall im Steintor auf dem Weg zum Baden: die Natur ruft. Das Meer. Eine Frau wird plötzlich von einer Schlange erschreckt; in Minuten wächst sie Meter um Meter, weit über zwei ausgestreckte Arme hinaus. Wie die Angst! Als wir ihr nahe kommen, gibt es sie nicht mehr, ist spurlos verschwunden. – Die Schlange. Die Angst? Spurlos?

Notizen zur Kunst und zur PEN-Konferenz von Horst und Renate

Aus Horsts Tagebuch: „Wir sind eingeladen zur Vernissage des Dubrovniker Malers Josip Škerlj, das kulturell interessierte Dubrovnik ist gekommen. Der Künstler hat etwa hundert Bilder über die Zerstörung Dubrovniks gemalt – schwarzweiß, sparsames Rot: die brennende Stadt im Granatfeuer. Szenen des Schreckens und der Verwüstung, der Anklage und der Klage, in einfacher Formsprache.

Zu spüren ist die Dankbarkeit der Bürger dieser brutal angegriffenen Stadt gegenüber ihrem Künstler-Sohn, der das Verbrechen für die Erinnerung festgehalten hat, in einem Zyklus, der an Goyas Schreckensskizzen und Picassos *Guernica* denken lässt ... grausam: eine Kreuzigungsdarstellung mit dem Leichnam Christi, enthauptet ans Marterholz genagelt.

Ein anderer Dubrovniker Maler: Ivo Grbić. Sein Plakat zum PEN-Kongreß hängt überall.

Er hat sein innen vollständig ausgebranntes Haus mitten in der Altstadt als eine Art Beuys-Ambiente hergerichtet. Die Ruine wird zum Kunstwerk gemacht, das „seine Wunden zeigt", und mit grotesk-verzweifelter Ironie auch noch angebrannte Gardinen und granatenbeschädigten Hausrat zu seiner Inszenierung verwendet: Bombenreste neben verschmorten Alltagsgegenständen, Fernglas, Bügeleisen, Schneiderschere, Krüge, Schüsseln und Töpfe, versengte Fotos; Ateliergerät, Paletten, Spachtel, Farbenasche.

Ein paar gerettete Bilder sind ausgestellt, mit durchsichtigen Schutzblenden darüber; das Haus oder was davon übrig blieb, ist nach oben offen, es kann also hereinregnen. Die Bilder zeigen Bibelillustrationen, Leidensgeschichten ...

Ein stark beschädigtes Wandfresko mit einer lebensfrohen Tanzszene, von der nur noch Fragmente erkennbar sind. Daneben ein Textblatt in Schönschrift, mehrsprachig:

„*Laßt uns tanzen / nimm' Dein Mädchen bei der Hand / das rote Äpfelchen / führe sie / trage sie / umarme sie / küß' sie / verliere keine Zeit / nimm' Dein Mädchen bei der Hand / springe dreimal auf der gelben Plat / drehe sie heftiger im Kreise / damit sie für Dich springt / breche ihr die Knochen / Gott wird Dir vergeben / Lass' sie Dir ihr Hös'chen zeigen / sie sagt / sie wird's Dir geben / aber ich weiß nicht wann.*"

Es ist nicht die Malweise, die bewegt – eine eher naiv-surrealistische Bildsprache, sondern die inhaltliche Botschaft: „Seht her, solchen Wahnsinn können Menschen anrichten. Niemand ist imstande zu verstehen, dass Leute, die gestern noch friedlich miteinander ausgekommen sind, sich jetzt in gegenseitigem Hass umbringen, ihre Existenzen zerstören. Man kann nur schreien vor Verzweiflung ..."

Gespräch mit dem Sohn des Malers Grbić über die Lage in der Stadt. Er meint, es gebe hier ganz unabhängig vom Krieg, die gleichen sozialen Spannungen mit den Landsleuten aus den Bergen, ob als Flüchtlinge oder Soldaten; es seien eben enge ländliche Kulturmuster, katholisch oder orthodox geprägt. Sie stoßen in Dubrovnik auf eine ihnen gänzlich fremde Mentalität der Weltoffenheit und Urbanität. Er selbst studiert in Zagreb Kunstgeschichte und Philosophie, und er verspricht mir den Ausstellungskatalog über das „Burnt House", das Haus seines Vaters, zu schicken.

Diese Kunstausstellung wurde anläßlich der 59. P.E.N. Veranstaltung in der Stadt ausgerichtet. Ich frage mich, wer von den Schriftstellern davon Notiz genommen hat. Ich habe nirgendwo etwas darüber gehört oder gelesen.

Aus Renates Tagebuch: Bilder Bilder:
Ich gehe noch einmal zur Ausstellung von Josip Škerl. Eine junge Frau bewacht sie. Wir kommen ins Gespräch: früher arbeitete sie in der Rezeption eines großen Hotels in Cavtat, ist aber in Dubrovnik zu Hause; sie ist 28 Jahre alt, sieht sehr viel jünger aus. Ich erkundige mich nach dem Maler: Ja, er ist hier als Kunstpädagoge tätig; sie hatte auch Unterricht bei ihm, mag die Bilder, die er vor dem Krieg gemalt hat lieber. Diese Bilder hier mag sie nicht so sehr, sie sind ihr zu düster. Ich frage nach, sage ihr meine Meinung dazu, dass es doch wichtig sei, solche Ereignisse, solche Erlebnisse durch Kunst zu bearbeiten, damit sie nicht zum Alptraum werden.

Ich bin bestürzt, als sie mir ihre Beziehung zu den Bildern eröffnet: ihr Vater wurde vor einem Jahr (am 14. Juli 1992) von einer Granate getötet, ganz in der Nähe unseres Hotels, am Excelsior. Wir kommen jeden Tag an der Stelle vorbei, sehen noch die Spuren der Zerstörung in den Steinen, am Geländer, den Scheiben, dem Dach – und das alles vor dem Hintergrund des weltberühmten (scheinbar unzerstörten) Dubrovniks der Poster und Ansichtskarten!

Ich weiß nicht, was ich sagen soll, drücke irgendwie hilflos mein Mitgefühl aus, sehe, wie sie mit dem Weinen kämpft. Sie bedankt sich, als ich ihr das zu sagen versuche. Wir suchen Zuflucht bei den Bildern und bei Fragen nach den Motiven und ihren Hintergründen. Sie erzählt von den Dörfern rings um Dubrovnik, vor allem Konavle, nahe dem Airport, das eine wohlhabende blühende Siedlung war, mit köstlichem Wein und Oliven. Die Četniks haben alles niedergewalzt, niedergebrannt und ausgeraubt – fast nie wird mehr dazu gesagt.

(P. S. Im Jahr 2002 scheint alles vergessen; allein 800 Dächer wurden auf den Häusern wiederhergestellt. Der erneuerte Flugplatz Čilipi nimmt wieder Gäste aus ganz Europa in Empfang, als sei nichts geschehen. Aber nichts ist vergessen, die Menschen erinnern sich im Gespräch.)

Die Bilder zeigen immer wieder eine kleine einsame Kirche auf einem Felsen vor einem brennenden Himmel, vor einem wildbewegten Meer, oder ein Haus, aus dem eine Rauchwolke wild wirbelnd aufsteigt, eine fahle, dicke Sonne verdunkelnd. Eine Pinie, verglühend, nur schwarzverkohlter Stamm, und eine feuerrote flüssige Spur, einziges Rot in dem von Schwarz und Weiß beherrschtem Bild.

Schwarz und weiß, das ist keine Aussage über die Sichtweise des Malers, wenn man nach den Ursachen dieser Zerstörung fragt, keine an den Feind gerichtete Anklage. Auch das ist bemerkenswert: alle propagandistischen Töne und Nebentöne fehlen, wenn diese Katastrophe, diese Barbarei zum Thema wird. Der enthauptete Christus, die Trauer und das Entsetzen werden nicht in politischer Absicht dargestellt und verflacht. Zu groß ist der Schmerz. Drei Bilder heißen „Remember".

Dolores Guzza – so ihr Name – erzählt von ihrem Lehrer; er habe in den Jahren 1992, 1993 einen neuen Malstil entwickelt. Es sind Pinselstriche, richtiger Pinselschläge von großer, aber disziplinierter Dynamik, expressiv, wild (die „neuen Wilden", die Expressionisten fallen mir ein; immer sucht man ja nach irgendwelchen Orientierungshilfen.) Die Bilder bewegen den Betrachter ganz unmittelbar durch die dargestellten, äußerst wirkungsvollen Motive: Haus, Baum, Felsen, Himmel, Sonne, Meer – ohne Menschen, also die vertrauten Landschaftsbilder auf den ersten Blick, scheinbar naiv, wie Generalić, aber dann von tödlichem Feuerwerk, roten Kreisen, Kugeln, Schwarzen Gittern, Rauchwolken, Granateinschlägen zerrissen und verstört.

(„Dem Bürger fällt vom spitzen Kopf der Hut ..."!? Warum fällt mir hier plötzlich das Gedicht des Poeten ein, der im Wannsee beim Eislaufen ertrank?)

Galeriebesuch im Kunstpalazzo gegenüber. Noch einmal: Die Trostmann-Bilder. Nicht auf den Krieg bezogen wie bei Grbić und Škerl! Und doch, als ein Gesang in Farbe gegen die Zerstörung, ein Lied gegen den Tod, ein Lied an die Sonne und das Leben! Sie machen uns Lust auf Experimente. (Und: was für ein Name! Josip Trostmann.)

Eine schwarze Sängerin, aus Amerika, gibt ein Konzert und erklärt, warum sie jetzt nach Dubrovnik gekommen ist: auch sie will ein Zeichen setzen gegen die Unmenschlichkeit. Sie zitiert Martin Luther King: „*I have a dream..*" und singt; vielen Zuhörern stehen Tränen in den Augen ...

Ein Hauch von Casablanca

„Dubrovnik? – was ist das? – ein Haufen alter Steine!" – so (angeblich) ein Satz von Mihailo Marković, dem serbischen Philosophen der Praxisgruppe, über die Beschießung der Stadt. (Als Mitglied der serbischen Akademie der Wissenschaften war er zeitweilig Berater von Milosevic; wir kannten ihn allerdings noch als Vertreter eines humanistischen Sozialismus auf internationalen Konferenzen in Korčula und Hawai'i.) Unsere Antwort auf den barbarischen Ausspruch: Auf gleichem Niveau hätte man ihm wohl sagen können: „Kosovo – die heroische Schlacht auf dem Amselfeld vor 600 Jahren! – was ist das?! Ein obsoleter serbischer Mythos, historisch längst ad acta gelegt? – Kosovo? – ein vergessener Hinterhof der europäischen Geschichte, in dem ein paar albanische Bauern guten Rotwein anbauen. Oder ein Brandherd?!" – Der ideologische Missbrauch historischer Daten und Ereignisse: politischer Alltag, nicht nur auf dem Balkan – noch immer. Skandalös!

21. September 1993, 12.30 Uhr. Kein Strom im Hotel; womöglich haben die Serben wieder einmal das Wasser abgegraben. Tägliche Nadelstiche. Es gibt einen dröhnenden Generator, aber der Lift ist außer Betrieb. (Zum Meer nun 600 Stufen.) Am Mittagstisch die Norne vom norwegischen Fernsehen mit ihren drei Wikingern – alle mit blonden Trollfrisuren. Sie bedankt sich für Bücher und Papiere über das Frauenprojekt, interessiert sich dafür, will darüber berichten. Ich bin froh, dass ich darauf aufmerksam machen konnte, „to spread the message." Am Nachbartisch ein gesprächiger Schwede, riesengroß, schwarzhaarig, wahrscheinlich ein military observer, er redet und redet sich die Seele aus dem Leib – was er wohl alles loswerden muss? – Ich bin, sage ich, „betroffen", was immer das heißen mag.

Wie umgehen mit der Zeit? Mit dieser Zeit! Am Empfang unvermutet ein Stück Lebensberatung. Gespräch mit der großen, schönen Dalmatinerin, die für 100 DM im Monat Zeitungen verkauft – und sonst nichts. Tag für Tag – ausgesprochen boaring – sagt sie. Es gibt keine Perspektive. Vielleicht sollte man mehr Sprachen lernen. Englisch, Kroatisch, was immer. Sie freut sich, dass ich mit ihr gesprochen habe. Ich auch.

Unten am Strand ein alter braungebrannter Mann; er zitiert Ovid lateinisch – und auf deutsch: „Ich weiß nicht, was soll es bedeuten, dass ich so traurig bin ..."– er stammt aus Mostar, erzählt er ... Die Stille in diesen Tagen. Keine Flugzeuge. Keine Kriegsschiffe.

„As time goes by" Zwischenspiele

Abends. Der Barpianist spielt „As time goes by ..." Von hinten sieht er aus wie Peter Strohm. Plötzlich – statt der Call-girls der UN aus den englischen Midlands, die ihn gestern beklatschten oder den „Kessler-Zwillingen" aus Austria, die alles gleichgestimmt, aber spiegelverkehrt absolvieren: essen, trinken, rauchen, – eine Überraschung. Wie vom Himmel gefallen: sieben Töchter Nippons im Raum, unterwegs in den Gängen des Hotels, zwitschernd, lachend und begleitet von einem Ober-Nippon – Guru oder Boss? Er ist offensichtlich verantwortlich für die sieben schwarzhaarigen Figürchen, unterhält sie, belehrend, missionierend. Im Restaurant der Villa Orsula nimmt er am Tisch den großen silbernen Gedeckteller hoch, hält ihn wie ein Steuerrad vor seine Brust, dreht ihn und zeigt mit lebhaften Bewegungen der kurzen Arme und Hände auf, wohin oder worum es geht. Mag sein um die Welt? Aber mindestens Europa. Vielleicht schon um den Kosmos?

Sieben junge Frauen aus Japan lauschen scheinbar hingebungsvoll den nicht endenden Monologen ihres Meisters. Erst zehn Minuten später erschöpft sich sein missionierender Geist. Und die Japanerinnen verwandeln sich unversehens in lebhaft miteinander plaudernde Geschöpfe. Die Männer Nippons werden mit ihnen sicher noch ihr blaues Wunder erleben, denke ich. Wie kommen sie hierher? Was haben sie vor? Wir rätseln und rätseln.

Mitternachtskino: Sex & Crime and Human Rights

So etwas hatten wir live allerdings noch nicht erlebt:
Nachtruhe im Hotel. Plötzlich ein Schrei, herzzerreißend, ein Schrei im Nachbarzimmer.Unmittelbar nebenan schreit eine Frau, schreit sich die Seele aus dem Leib. Schreit wie am Spieß; schreit, als werde sie bei lebendigem Leibe in Stücke zerrissen. Gleich tot sein ... Ein Mord? Was soll man tun?! Können wir helfen?! Wie?! Es ist entsetzlich, kaum auszuhalten! Sollen wir rüberlaufen? Wo anrufen?! Ein Notruf!? Abhilfe oder Hilfe? Aber nein, sie schreit ja gar nicht um Hilfe – meint H.; ihm schwante schon:

hier geht es gar nicht um wife-beating ... Das hatte ich wohl nicht richtig mitbekommen, nicht richtig wahrgenommen. So verstört, so erschrocken war ich ...

Das Schreien, das Kreischen, Jammern und Heulen bedeutete wohl doch etwas anderes, schlug nun um in leises Wimmern, lustvolles Schluchzen ...

Anfangs hatte ich noch gedacht, es sei vielleicht eine liebeshungrige Katze: ein lockendes Miauen hörte und hörte nicht auf. Aber es folgte dieses Stöhnen und Ächzen – oder war es vielleicht doch ein befreites Schnarchen?

Mitternachtskino im Fernsehen. Solche Geräusche sind bekannt. Es stört ungemein, wenn man schlafen will. Und für uns war es schließlich nach Mitternacht ... aber was erwarteten wir denn hier, „hinter der Front"?

Trotzdem: erster Zuruf über den Glaszaun am Balkon. Protest. Längere Pause. Dann von neuem das schrille Kreischen, das in Jammern und Heulen umschlägt. Energische Intervention über den Balkon: „Will you please stop it! We want to sleep!"

Kurze Pause. Stille. (Ich zitterte noch nach am ganzen Körper vor Schreck und Wut.)

Vergeblicher Versuch, die Hotelrezeption zu aktivieren. Erneute Ausbrüche, die aber immer schwächer werden. Gottseidank!

Eine höllische Nacht. Ich zählte alle Glockenschläge, bis 7 Uhr morgens. Das Licht im Nachbarzimmer brannte noch hell und wurde durch unsere Glastür reflektiert. Die – so vermuten wir – lustvoll vergewaltigte Schöne aber war, endlich, gegen vier Uhr verschwunden. Sie hinterließ zerwühlte Betten, Schuhe und Wäsche, wie wir heute morgen hinter der niedrigen Glaswand erkennen konnten.

Soeben hat H. den Kerl erwischt, als er aus seinem Zimmer herauskam; übertrieben höflich seine Frage „Are you the gentleman who performed this wonderful affair tonight? We couldn't sleep!" – „I didn't beat her ..." murmelte das blonde Männchen mit Brille verlegen und drückte sich im Lift beiseite. Wer hätte es diesem unscheinbaren Menschen zugetraut ...

Ich war naiv, ich war davon ausgegangen, dass hier gesittete Leute wohnen. Und dass ein Mann vielleicht einfach nur mal seine Frau verprügelt.

Aber wife-beating live?! Im Nachbarzimmer des Hotels? – Tatsächlich ging es wohl um handfesten Sado-Maso Porno.

Im Hause gibt es auch eine Dienststelle der UN for *Human Rights und Refugees*. In den halberleuchteten Gängen begegnen sich Call-girls und Funktionäre. (Geht es etwa nicht auch um sexuelle Befreiung?) Es stehen tolle neue weiße Autos und Landrover (Cherokee) vor dem Hotel, immer zur Rettung bereit

Stadtbummel

Die Läden an der Plaka bemühen sich – wie alle hier – um einen Anschein von Normalität. Wenn man bedenkt, dass nicht viel mehr als ein Jahr vergangen ist, seit es hier die letzten Kriegsopfer gab (wie den Vater von Dolores) und man die Fotos der Zerstörung vor Augen hat, ist es bewundernswert und auch wieder gespenstisch: wer soll denn die teuren italienischen Importmoden kaufen? – Ich bin vielleicht die einzige heute, die sich ein T-Shirt aus Frankreich kauft, 30% reduziert, und ich schäme mich auch ein bisschen. Trotzdem, für die Verkäuferin war es offensichtlich ein Lichtblick, dass ich gekommen bin, und sie unterhält sich gern mit der Käuferin über ihren Laden. Es muss bald wieder richtig Frieden sein, sonst kann sie nicht durchhalten. Sie hat alles so mit „schicken Teilen" dekoriert, dass man ihre Probleme nicht gleich bemerkt.

In den kleinen Geschäften des „kleinen Dubrovnik" (wie ich es für mich nenne) also in den Nebenstraßen, wo die „kleinen Leute" alles für den Alltag kaufen, ist alles Wichtige da, aber teuer. Es gibt halbleere Fleischerläden; noch immer oder wieder Prodovaonica, die bekannten Jugo-Geschäfte des Staates unter neuen Namen. Kleine Juwelierläden mit herrlichem Bernstein- und Filigranschmuck; Uhrmacher, Schuster. Friseure, in deren Läden junge Männer vor dem Fernseher sitzen, sozusagen „Schlange stehen", um die Sendungen zu sehen. Die Friseure selbst haben auf mich immer schon irgendwie pompös und majestätisch gewirkt, wie zum Beispiel der Operntenor in Hvar. Sie schneiden die Haare mit Schwung, rasieren rasant Schläfen und Nacken, umtänzeln elegant ihre Kunden bei der Nassrasur oder platzieren einen kleinen Jungen auf einen Hochsitz direkt zwischen ihren Armen, so dass der sich wie ein König erhöht fühlt. Ein kleines verstaubtes Geschäft führt noch Souvenirartikel aus der Vorkriegszeit: Bosnische Handarbeiten, bestickte Ledergürtel; ein anderes dagegen, blitzblank, hält

Stick- und Nähgarne, Häkelnadeln und Wolle für die hiesigen Hausfrauen bereit. Ein Geschäft nur für Babies und Kleinkinder ist liebevoll mit Puppen und Kreppschleifen gestaltet. Spezialgeschäfte gibt es auch für Kissen, Decken, Bettzeug, Hausrat aller Art, Dinge, die für Tausende von Flüchtlingen, die alles verloren haben, dringend benötigt werden, aber wohl unerschwinglich sind.

Spätnachmittags dann in die Stadt: Übergang vom Kinder- zum Jugendkorso. In ihrer naiven Schönheit, ihren bunten Kleidern und Klamotten, ihrem Schlendern, Gehen, Gucken, Lächeln, Bewegen: we fell in love mit dieser Jugend, die ihresgleichen sucht! Und dann die verrückten Rucksäcke, die auch hier gerade in Mode sind, über zierliche Schultern, schlanke Rücken drapiert – sicher ohne ihre Schulbücher – voller Geheimnisse.

Auf dem Heimweg in linder Abendluft und mit der Mondsichel zwischen den Wällen und Zypressen hören wir Singen und Stampfen von Füßen und entdecken in den kleinen Steingebäuden des Lazaretts eine Kasematte der Kultur dieses Landes: eine Gruppe von acht Tänzerinnen und Tänzern, sechs Musikanten – darunter ein Soldat und ein Tanzmeister proben, schon so gut wie perfekt, einheimische Tänze, Kolo und Renaissance Reigen, Folklore und Tanzkunst in T-Shirts, Sneakers und Bermudas. Sie tanzen nur für sich, für ihre eigene Gruppe, die jungen Mädchen mit wippenden Brüsten, die jungen Männer mit Grazie und Kraft, kecken Blicken auf die Äpfelchen. Sie genießen sich selbst und einander in schöner erotischer Unbefangenheit.

Es ist eine Lust, ihnen zuzuschauen.

Tag der Frauen – Jany Hansel

Ein Handarbeitsprojekt für Flüchtlingsfrauen, wie ich es in Tonga als erfolgreiche Frauengenossenschaft angetroffen und als Entwicklungsprojekt propagiert hatte, ist, wie ich zu meiner Freude höre, als Beschäftigungs- und Therapieprogramm bereits im Gange, und ich werde mich noch bei Jany Hansel kundig machen. Ich wüsste auch gern Genaueres, Konkreteres über das neue Schulsystem im neuen Kroatien. Wie wird es sich vom alten unterscheiden?! Wie vom europäischen?! Auffallend: unter den jungen Gymnasiasten der großen ansehnlichen Schule auf dieser Straße zur

Altstadt sind die Mädchen gleichberechtigt an Zahl und Auftreten. Auch abends beim „Minnedienst" wirken sie selbstbewusst und – so grazil und feminin sie auch aussehen – unheimlich stark; ein erfreulicher Anblick und gutes Zeichen für die Zukunft der Stadt!

Als Dubrovnik belagert und beschossen wurde, war sie hier. Nach dem Ende der schrecklichsten Zeit der Zerstörung waren die Leute wie gelähmt oder warteten auf Hilfe. Für die Flüchtlinge aus Bosnien, Kroaten und Muslime, und aus der unmittelbaren Umgebung von Čilipi Konavle gab es keine Perspektive in den trostlosen Quartieren der halbzerstörten Hotels. Frauen, die gewohnt waren im Haus, im Beruf, auf dem Feld hart zu arbeiten, saßen nun den ganzen Tag verstört herum, wurden mit ihren traumatischen Erfahrungen, Vertreibung, Vergewaltigung, Verlust von Angehörigen allein gelassen. Da entschloss sich Jany etwas zu tun. Sie erinnerte sich, wie sie als Kind auf der Insel Mljet erlebt hatte, was mit den Wanderhirten aus der Herzegowina geschehen war: sie kamen im Winter aus dem kalten Bergland mit ihren Tieren auf die Insel, um nicht zu erfrieren und zu verhungern, halfen den Bauern bei der Olivenernte und wurden in Öldeputaten entlohnt. Dann aber beschäftigten ihre Eltern sie mit dem Auseinanderschneiden von alten Kleidern, um daraus Matten und Teppiche zu weben.

15. September. Es stürmt und regnet, endlich Zeit für *Libertas*. Das Frauenprojekt interessiert uns, aber wir haben tagelang verdrängt, was uns wieder in Unruhe stürzen könnte. Mit dem Bus Richtung Gruž, zu Fuß zum ehemaligen Hotelkomplex der mit über 2000 Flüchtlingen zum Ziel der serbischen Granaten wurde – auch des Namens wegen? Ein Symbol für Dubrovnik? – Eine gespenstische, düstere Anlage; im oberen Teil verkohlte Ruinen, in den endlosen Hallen und Gängen des unteren Teils ein lichtloses Labyrinth. Kaum ein Mensch. Irgendwo tönt die Melodie der Elise ... Geruch nach Gebratenem, eine beleuchtete Insel entpuppt sich als Video-Shop – Sex und Crime Angebote zwischen roten Glühlämpchen. Wir fragen uns durch zum Desa-Frauenprojekt, Zimmer 203.

Jany Hansel wird sofort von den beiden Frauen, die im vollgestopften Office Dienst tun, herbeigeholt. Eine elegant wirkende große Frau in mittleren Jahren, vielleicht 45 Jahre. Ihre Tochter, so erzählt sie stolz, habe gerade die Aufnahmeprüfung für die Universität in Zagreb bestanden. Sie hat noch zwei Kinder, stammt von der Insel Mljet. Sie meint, als ich ihr von den Frauen in Tonga und ihrer Handarbeitsgenossenschaft erzähle, dass die Inselfrauen wohl immer *fighter* wären. Die Männer fuhren zur See, die Frauen mussten mit allen Problemen der Familie alleine zurechtkommen, allerdings, ohne die Rechte der Männer zu haben.

Wir sprechen englisch miteinander. Sie hat Tourismus und Ökonomie studiert, war in einem Reisebüro tätig, ehe der Krieg ausbrach. Als die jugoslawische, die „Volksarmee" in Slowenien einfiel, gehörte sie zu den ersten Frauen, die versuchten, Proteste dagegen zu organisieren. Obwohl sie keinen Sohn in der Armee hatte, war sie der Meinung: „Wir können es nicht zulassen, dass unsere Kinder in diesen Krieg geschickt werden. Das kann nicht sein!" Zunächst fand sie wenig Zustimmung zu ihrem Vorschlag, vor der Kirche Sankt Blasius gemeinsam mit andren Frauen gegen den Krieg zu protestieren. Ob man nicht abwarten solle, was man von der Regierung in Zagreb höre. Durch ihre Freundin Rena, deren Sohn betroffen war, bekam sie Unterstützung. Sie erzählt von den Schwierigkeiten, aber auch dem wachsenden Zuspruch, der zu der Bewegung der Mütter für den Frieden führte, an der sich Frauen aller Nationalitäten, mehrere Tausend schließlich auf dem Weg nach Belgrad beteiligten. Die albanischen Frauen wurden von den serbischen Soldaten durch Prügel am Protestmarsch gehindert. Die Mütter der Soldaten der „Volksarmee" hatten keine Rechte und wurden nicht gehört.

Jany Hansel hat in jener Zeit alle Energie in diesen Protest gesteckt, wurde auch in den Medien gehört, aber vergebens: der Wahnsinn brach aus ... Nun organisiert sie das Desa-Projekt mit 400 Flüchtlingsfrauen aus Bosnien, Kroatinnen und Muslima. Wir schauen uns um: Fatima am Webstuhl in der halbzerstörten Bar, die im Hintergrund noch den Massenbetrieb ahnen lässt, der hier einmal geherrscht haben muss. Kisten mit Schafwolle von einem Amerikaner, der in der Gegend von Dubrovnik zu Hause war. Kartons mit Stoffresten, zerschnittenes Mantelfutter, aus dem aparte, pastellfarbene, wenn auch etwas schwere Westen entstanden sind. Oder Stoffreste, aus denen Bademattten, Badeschuhe, WC-Vorleger gewebt werden. Kostbare Stickereien aus der Region von Konavle, vom Vergessen bedrohte Traditionen handwerklicher Kunstfertigkeit.

Es gehört zur „Philosophie des Projekts" die eigenen kulturellen Wurzeln nicht verdorren zu lassen, ihnen neues Ansehen auch bei den jüngeren

Frauen zu verschaffen. Beispiel für diese Gefährdung: Es gibt hier keinen mehr, der einen größeren Webstuhl reparieren kann; sie warten auf einen Mann aus Zagreb. Am Fenster sitzt eine andere Frau mit kunstvollen Stickereien für weiße Tischmatten beschäftigt. Ich möchte gern mit ihr darüber sprechen; ein paar Worte der Ermutigung machen ihr Freude. Überhaupt, als Jany uns als Freunde aus Deutschland vorstellt, blicken sie freundlich lächelnd von ihrer Arbeit auf. Wir betrachten einige der traditionellen Stickereien, erkundigen uns nach der Bedeutung, nach dem Arbeitsaufwand und fragen, wer als Käufer dafür zu gewinnen ist, denn es sind wahre Kunstwerke, die da entstehen. Wir werden uns kundig machen, versuchen, nützliche Kontakte herzustellen ... Und natürlich erwarben wir einige dieser schönen Arbeiten.

Nikšas Video

Morgens, (letzter Tag – 21. September 1993); nach einer unendlich klaren Nacht mit einem nie zuvor so schön gesehenen Sternenhimmel – vielleicht deshalb so schön, weil er über einer Stadt sich wölbte, die gerade erst die Hölle der Zerstörung überlebt hat: Das Meer, das am Vortag noch mit Riesenwellen über den Strand schlug, so dass wir es zunächst als Flut, als Flucht vor einem Flugzeugträger oder NATO-Verband zu erklären versuchten, später dann ein Seebeben für möglich hielten, hatte sich nachts beruhigt und plätscherte friedlich und harmonisch abgestimmt mit dem leisem Rauschen der großen Palmen.
Wir sind glücklich über unseren Entschluss, hierher gereist zu sein – und zugleich beschämt, wie wenig Mut nötig war. „Nemate strah?" – Haben Sie keine Angst, hatte man uns in den ersten Tagen oft gefragt. Der Mut und Überlebenswillen der Menschen in dieser Stadt ist beeindruckend, macht kein Aufhebens; wichtig waren Freunde der ersten Stunde: Slobodan Lang, Kathy Wilkes, auch die Anteilnahme des französischen Ministers Kouchner; hilfreich waren die Leute von Channel 4 ITN (Independence Television Network), deren Berichterstattung hervorragend war, analytisch und konkret, informativ und herzbewegend in der Darstellung des Leidens der Bevölkerung. Im Vergleich damit haben die „Europäer" in der Rolle der EG-Beobachter – „in ihren weißen Friseurkitteln und ihren Atlas-Booten",

wie man uns erzählte – eine jämmerliche Rolle gespielt, symbolisch für das Versagen der Politiker im Vorfeld dieser europäischen Katastrophe.

Nachmittags hatte Nikša Baramović vom Empfang des Hotels Argentina uns eine Vorführung seines Video-Films versprochen. Er war am 6. Dezember 1991 unmittelbarer Augenzeuge des ersten schrecklichen Angriffs auf die alte Stadt, mittendrin, konnte jeden Augenblick von der nächsten Granate getroffen werden. Als die Granateinschläge näher rückten, krochen alle im Haus Schutz suchend unter die Tische. Furchtbare Bilder: die immer wiederkehrenden Szenen der Granateinschläge mit folgendem Feuersturm und finsteren schwarzen Rauchwolken, die aus der Stadt und den zerstörten Booten im Hafen aufstiegen. Sie wurden etwa von dem Ort aufgenommen, wo wir täglich unsere Mahlzeiten einnahmen oder aus dem Fenster guckten. Unglaublich, wenn man die Stadt heute aus der gleichen Perspektive im Morgenlicht in alter Schönheit, so scheint es, liegen sieht.

Am Tag danach, am 7. Dezember ging Nikša mit seiner Video-Kamera durch die Straßen der Stadt, von Haus zu Haus, um festzuhalten, was geschehen war. Die Menschen wirkten wie gelähmt, verstört angesichts der Trümmer um sie herum. Glasscherben, rauchende Balken, zerborstene Ziegel, amputierte Bäume und Weinranken, Dachstühle wie Skelette, rauchgeschwärzte Türen und Wände; weder Kirchen noch Klöster blieben verschont. Man spürt das Entsetzen: niemand hätte diese Barbarei für möglich gehalten. Und auch wir sind ohne Worte! Horst fühlt sich an seine Kindheitserlebnisse in den Bombennächten Berlins erinnert, sagt aber nichts, der Norwegerin zuliebe, die sich unserer Vorführung angeschlossen hatte.

Im zweiten Teil des Videos zeigt uns Nikša die Antwort der Bevölkerung. Sie war nicht bereit, ihre Stadt aufzugeben, die Kapitulationsforderung zu akzeptieren. Frauen und Kinder hätten die Stadt verlassen können. Die Serben hätten sie dann mit eigenen Armeeoffizieren, gewissermaßen als serbische Pensionärsresidenz besiedelt und die geräumten Häuser als Beute gewonnen. Slobodan Lang und andere verantwortliche Bürger haben vor einer solchen Evakuierung zu Recht gewarnt (wie die Bürger von Calais!)

Besonders beeindruckt die kulturelle Vitalität der Stadt. Die „Ratna Škola", Schule des Krieges, im Hotel Argentina zeigt fröhliche Kinder die zeichnen und singen. Ihre Bilder werden zu Zeugnissen der Lebenskraft und Lebensfreude. Sie verarbeiten die Erfahrungen der Beschießung und Belagerung und bringen in bunten Früchten und Katzengesichtern ihre Kinderwelt wieder zur Geltung.

Schon zur Weihnachtszeit hört man wieder die vertrauten Lieder, sieht die vertrauten Symbole. Kulturelle Veranstaltungen, Konzerte in der Kirche und im Rektorenpalast, dalmatinische Tänze in der Hotelhalle, schließlich Künstler und Musiker aus dem Ausland – wie die schwarze Sängerin, die Mozart vorträgt – so will sich Dubrovnik auch in Zukunft sehen.

Draußen, in den Straßen bemalen sie die mit Brettern vernagelten Schaufenster und Türen mit Weihnachtsengeln und Schweinemonstern. Schon zum Jahreswechsel zeigt sich die Stadt „aufgeräumt" und auf dem Weg hin zu dem, was man gern „Normalität" nennt

Nachlese – Lehrstück

Aus dem Tagebuch: 25. September (1993)

Ich bin noch immer in einer eigentümlichen Verfassung, „zufrieden, dankbar, euphorisch, gerührt", einfacher gesagt: „high". Diese Reise wird in unseren Annalen einen ganz besonderen Platz einnehmen. Sie eröffnete auch neue sinnvolle Perspektiven für den nun beginnenden Lebensabschnitt, indem sie Kontinuität mit Herausforderung verbindet. Wir sehen heute vieles neu. Der Krieg war und ist ein schrecklicher Lehrmeister – auch für uns! (die wir ihn allerdings als Kinder schon einmal erlebt und nicht begriffen haben.)

Die „Tröstungen der Geschichte" (H. Heine, Harzreise) verlangen eine intensivere Beschäftigung mit ihr – das ist die eine Voraussetzung. Eine andere bedeutet, sie in Beziehung zu setzen zu unserer Gegenwart und zu unserem ganz persönlichen Leben. „Der brennende Bauernhof", den Goethe zu Recht als „Katastrophe" ins Feld führt gegen die „Phrase von der Verteidigung des Vaterlandes", gilt abgewandelt auch für manche kritische Neueinschätzung von Grundsätzen gegenüber dem mörderischen Amoklauf nur wenige Kilometer von unserer komfortablen Behausung, Hotel oder Heim, entfernt.

Zu was Menschen fähig sind, im Guten wie im Bösen! Auch im Widerstand gegen Terror und Versuchung, wie in Dubrovnik, wo ein paar mutige Menschen das Blatt gewendet haben, indem sie den totalen Exodus verhindert, dem Druck zur Evakuierung und der Verführung zur Flucht widerstanden haben. Noch immer also gibt es Situationen im Leben der Menschen, wo es auf den Einzelnen ankommt, wo Verantwortung zählt! – Die Umstände unter denen zum Beispiel Slobodan Lang – ein Medizinprofessor aus Zagreb (und ein Cousin von Berta) – die Bewohner der Stadt davon überzeugen konnte, zu bleiben, gehören zu den Einsichten, die zu vertiefen sind.

Die Bilder, die im Dezember 1991 nach dem schwersten Granatangriff entstanden sind – in Kinderzeichnungen und Wandbemalungen – gehören für mich zu den eindrucksvollsten Zeugnissen menschlicher Überlebenskraft und Überlebenswillens. „Kultur ist unsere Waffe", sagte Nikša, als wir ihm zu seiner Dokumentation unsere Bewunderung aussprechen. Die mit Lattenzäunen zugenagelten Fassaden und Brunnen wurden sogleich mit symbolischen Malereien verwandelt: Tanzende Bauern und Bürger, historische Szenen aus der Geschichte der Stadt. Nirgendwo aggressive Agitprop-Bilder: Folkloremotive mit Musikanten, schwebende Nixen, Renaissance-Gestalten lassen für Augenblicke vergessen, welchem barbarischen Zerstörungswillen sie ihre bunte Existenz in dieser Stadt verdanken. Der Jugendkorso ist für uns ihr Gegenstück in der heutigen Realität.

Die Geschichte vom Feuerwehrmann, der sein Leben opferte, um die Flüchtlinge aus dem brennenden Hotel zu retten; vom Maler, der sein verbranntes Haus zum mahnenden Kunstwerk umgestaltete; von Berta Dragicević und Jany Hansel, überhaupt den Frauen, die in der Öffentlichkeit praktischen Mut bewiesen, die Hoffnung nicht aufgaben, sind in diesem Sinne Lehrstücke.

„Ihr Besuch war ein Kompliment für uns" – so oder ähnlich förmlich drückte es die Kellnerin im Gradski aus. So auch Bertas Mann, die Sobaricen im Hotel; schließlich unsere lieben alten Freunde in Hvar; alle beschämten uns mit ihrem Dank. Vesna hatte Tränen der Rührung in den Augen. Miro betonte immer wieder, unser Kommen sei für sie ein *poklon*, ein Geschenk, und alle verwöhnten uns auf ihre eigene Art mit dalmatinischen Fischköstlichkeiten und Zuwendung. Es war gut, diese Reise zu machen. Es war gut zu kommen.

Dr. Theo Sommer
DIE ZEIT
Pressehaus Hamburg

18. November 1991

Lieber Theo Sommer,

unsere jugoslawischen Freunde* schreiben uns, sie verstünden die Welt nicht mehr! Mir geht es genau so: so vermisse ich Hintergrundsanalysen der Situation im Lande in den deutschen Medien: Wer regiert und verhandelt in Belgrad mit welcher Legitimität? Wer oder was ist die jugoslawische Bundesarmee? Welchen Interessen dient sie, welche Existenzängste motivieren mithilfe des nationalen Gefühls Generäle und Offiziere? Was weiß man über die Motivation der desertierenden Soldaten, der jungen Männer, die sich nicht einberufen lassen? Wer weiß, was aus den protestierenden Soldatenmüttern geworden ist, überhaupt aus den Friedensgruppen, die zum Beispiel die europäische Friedenskarawane überall im Land angetroffen hat? Was denkt die Mehrheit der Menschen über den Krieg? Und wer will ihn?

Auch Fragen an die deutschen Medien wären zustellen: Was sind zum Beispiel „Freischärler", und was sind Terroristen, auch Staatsterroristen in anderen Ländern?

Warum biedert sich das Fernsehen gestern in der Tagesschau, nach der Kapitulation von Vukovar**, plötzlich mit so überaus freundlichen Tönen bei den Siegern an? (Hat sich Kohl von Mitterand umstimmen lassen?)

Die Ohnmacht der Europäer angesichts von Dubrovnik*** ist beschämend. Was es bedeutet, Tausende von Menschen in dieser Jahreszeit auf der überfüllten „Slavija" zu evakuieren, kann ich mir gut (aus Erfahrung) vorstellen; die Bilder erinnern an den „Exodus"! (Und das gilt dann noch als humanitärer Erfolg!)

Bitte schreiben Sie darüber in Ihrer Zeitung!

Herzliche Grüße von Ihrer Renate von Gizycki

Antwort: Theo Sommer (Die ZEIT) 19. Dezember 1991:
... späten, aber herzlichen Dank für Ihre zugleich anregenden und kritischen Zeilen. Wir haben uns sehr bemüht und tun dies weiter, aber es ist schwer, der vollen Wahrheit auf die Spur zu kommen, – und gerade deutsche Journalisten werden in Serbien derzeit nicht sehr freundlich bedient. Wir bleiben indessen am Ball.

Mit herzlichen Grüßen – Ihr Theo Sommer

Tauben und Tornados

Abflug Airport Frankfurt B 47 um 14.50. Ankunft nach ruhigem Flug in Split gegen 17.00. Bus zum Hotel *Marjan*. Wir sind entsetzt. Das alte gepflegte Hotel ist völlig heruntergekommen; gespenstische Leere, kaum Licht, keine Hilfe beim Empfang, kein Lift. Sollen wir bleiben? Ja, gerade weil es nun zum Teil Flüchtlingsunterkunft ist; die oberen Stockwerke sind von ihnen bewohnt. Unten ist es jetzt ein Quartier für durchreisende UN-Soldaten. Auf den Fluren begegnen sich Blauhelme und alte verhärmte Frauen, ein Abbild der Situation.. Und wir nun dazwischen.

Etappe Split 1995

Trotzdem, wir lassen uns weder vom stürmischen Jugo, noch von dieser Düsternis davon abhalten, unser altes Split zu erkunden: Alltagsleben, Flanieren am Hafen – wie immer nur ohne die vielen Touristen. Der Markt am Abend ohne Früchte, nur Billigartikel wie bei Woolworth. Im Peristil ein Hauch von Open-Air Café. Seltsame Männer am Tisch gegenüber; ein eleganter Brutalo mit Ohrringen und Kurzhaarschnitt, bei näherem Hinsehen ein richtiger Killertyp (wie im Fernsehen). Er überrascht durch grandiose Armtätowierungen und reinigt seine Nägel wie abwesend mit einer Art Bajonett. Ich glaube an seinem Hemd einen Anstecker zu erkennen mit einem bundesdeutschen Emblem.

Aber sonst kaum Erinnerungen an den Krieg gleich nebenan, nur 60 Kilometer entfernt. Auf dem Flugplatz fällt mir die sympathische dunkelhaarige Frau auf. Sie wird abgeholt von einem ansehnlichen jungen Mann mit einem weißen Lieferwagen – sehr bescheiden. „Médécins sans Frontières" stand auf ihrem Gepäck. (Muss ich mir Skrupel machen? Gewissensbisse wegen unserer Reise?) Wir sind auf dem Weg zu Freunden.

Eine andere Reisegruppe fällt aus der Zeit: Christen aus Ohio pilgern zur Jungfrau von Medjugornje; schlichte Menschen, die nur in ihrem Glauben leben. Viele Alte darunter. Es ist ihr Mekka.

Zurück in der Stadt. Wir finden schließlich doch das ideale Fischrestaurant *Konoba* für ein stilvolles Mahl – ein Tintenfisch frisch aus dem Meer, ein Erinnerungsfest für 35 Jahre in diesem Land, unserer zweiten, dritten

Heimat. Meine Befürchtung, Split sei als Etappe ein Schwarzmarkt, von Soldaten und Kriminellen beherrscht, verflüchtigt sich rasch. Das Leben geht weiter. Wenn man hier zu Hause ist, wird man sicherlich einiges vom Krieg bemerken, vor allem bei den Preisen. Für den Besucher hat sich wenig verändert, man fühlt sich sicher.

Die Nacht vom 13. auf den 14. September ist stürmisch. Die Schachbrettfahne unten an der INA-Tankstelle flattert wie verrückt. Aber schlimmer ist der Höllenlärm der Motoren. Wie Menschen, wie die Flüchtlinge oben im Haus das aushalten können! Aufbruch gegen 7.00. Überraschung: vor unserer Zimmertür sitzt ein dunkelhäutiger Blauhelm und putzt seine Stiefel blank. „Where are you from?" – Er kommt aus dem Senegal. Im Frühstücksraum zwei Dutzend fremde Männer, alles Blauhelme, an den Nachbartischen. Indonesier. Ein Offizier namens Suharto. Einige haben ihre Maschinengewehre unterm Arm oder neben dem Stuhl. Unser Frühstück ist das gleiche – sicher viel zu wenig für die armen Kerls aus den indonesischen Dörfern und doch ist ihr Einsatz wahrscheinlich ein Traumjob für viele. Ich stelle mir unsere Ethnologen unter ihnen daheim vor. Auch die Amokläufer, Kommunistenfresser, Gamelanspieler; womöglich ist bei ihnen, ganz wie bei uns, alles denkbar in der gleichen Person – je nach Chance und Gelegenheit. Als Verteidiger von Sarajevo aber scheinen sie mir überfordert.

Wiedersehen mit Hvar 1995

Im alten Palace Hotel. Ein Bild des Friedens, wenn ich aus dem Fenster blicke: eine unscheinbare kleine Taube rastet kurz auf der verwitterten Balustrade des Glockenturms und fliegt dann schräg durchs Bild – ein Postkartenmotiv dieser Insel.

Der Himmel, eben noch dunkel von regengeschwollenen Wolken, die ihr Wasser, wie es schien, überhaupt nie mehr halten wollten, schon wieder durchsichtig blau; darunter die Pakleni Inseln, breit hingelagert, tief grün über ihren hellen Sockeln aus Stein; nur leise bewegt das Meer, von einer nie zuvor erlebten Klarheit, wie wir heute morgen selbst am Hafen sehen konnten – eine Nebenwirkung des Krieges, die an diesem Ort nicht nur zu begrüßen ist.

Die sauber gewaschenen roten Ziegeldächer direkt unter unserem Balkon leuchten in der Sonne. Auch die ersten Fischerboote tuckern los, Richtung Palmižan. Aber Minuten bevor ich mich aufraffe, ein paar Notizen zu machen, als die dunklen Wolken südwärts Hvar verlassen, donnern über uns Flugzeuge. Wir sehen sie nicht, doch kein Zweifel: dies waren keine Linienflugzeuge! Auch keine Bomberformationen, wie wir sie als Kinder bei schönstem Sommerwetter über uns hinwegfliegen sahen, Richtung Berlin.

Ist es Donnergrollen? Ein Gewitter in der Ferne, hinter den Bergen? Oder sind es wieder Tornados? Eine bisher unbekannte Frage, die mich gestern Mittag doch erschreckt hat.

Der zweite Morgen. Horst öffnet die Jalousien zum Balkon: wieder ein strahlender Tagesbeginn. Wieder sind Flugzeuge zu hören – welche? Und wieder das vertraute Tuckern eines inselwärts fahrenden Fischerboots. Auf dem Sims des Badezimmerfensters sitzt diesmal eine verträumte graue Taube mit einem ganz ruhigen goldenen Auge, kreisrund mit einer schwarzen Perlenpupille. Überall hier, fast aufdringlich, Symbole, Symbole.

Mein Traum dagegen: ein Horrortrip. Ich flüchte vor einer gewalttätigen Sekte, will mich in einem Kasten bei Freunden verstecken und wehre mich schließlich, tödlich für den Verfolger, mit einem sichelförmigen Wurfmesser, das ich zurückwerfe, so dass es im Rücken des Angreifers steckenbleibt. Es ging um Zwangsglauben und Zwangsarbeit und eine gelbe Schaufel in Kreuzform: das Meer sollte umgegraben werden; ich weiß nicht mehr wozu – Gold?! Auch Ansgar trat auf, wollte mich aber nicht anhören oder schützen, seine Mutter war gerade gestorben. Und er las Zeitungen. Das Auto, in dem man mich schließlich mitnehmen wollte, explodierte, ohne mich. Gottseidank. (H. weckte mich schließlich mit dem schönen, schon beschriebenen Tagesauftakt.)

Jetzt weiß ich, was der „Pummerer" bedeutet: eben schlug er mit eisernem Hammer die Glocke auf dem alten Turm vorm Fenster, zählte, im Gegensatz zu heute morgen, 11 Schläge, korrekt und laut, metallisch hart. (Zeit für den ersten *swim* – nach der Wiedersehenstour.) Nach dem Frühstück und dem Schiffsritual am Kai: die beiden Paladinis haben uns wie alte Freunde begrüßt. Viele hier kennen uns – noch, wieder!

Klostermorgen

Hvar: Montag, 18. September. In der Nacht dröhnten die Flugzeuge der NATO in Intervallen im sternenklaren Himmel – ich registriere mit Verwunderung meine Abwesenheit von Wut. Im Gegenteil, man wagt es kaum, sich das einzugestehen – empfinde ich so etwas wie Genugtuung, ja, sogar Beschütztsein hier. Wie haben die letzten Jahre an meiner pazifistischen Grundhaltung gezehrt: Vukovar, die großserbischen Ambitionen und Aggressionen, vor allem die Raketen auf Dubrovnik – eine zivile, eine republikanische, eine kulturell lebendige Stadt ohne militärische Funktion. Ethnische Säuberungen! – was für ein Unwort. Die Vergewaltigung von Frauen allen Alters. Die Geiselnahme der UN-Soldaten. Die Mordschützen der Sniper-Allee in Sarajevo. Nun zieht die andere Seite nach.

Ein sonniger, echter Hvar-Tag. Perica aus Jelsa, eine rundliche, gut deutsch sprechende Nonne aus dem Benediktinerinnen-Kloster bekräftigt am Ende unseres Gesprächs, wie entsetzt sie sei – natürlich vor allem über die Serben. Aber als Hvar von der Festung Vis aus beschossen werden sollte, habe sich ein Soldat geweigert; er sei sofort erschossen worden. „Die Madonna hat Hvar beschützt!" – das ist ihr fester Glaube. Im Fernsehen habe sie schreckliche Folterkammern der Serben „für unsere Leute" gesehen. Das Blut sei an die Wände gespritzt, so habe man die Gefangenen geschlagen. – Das alles kann ich nur noch mit dem Wort „eine große Tragödie" kommentieren, „velika tragedija"! Oder sollte ich ihr von den Verbrechen ihrer Landsleute in der Kraina, in Knin berichten, die in deutschen Zeitungen standen? Dennoch, der größte Teil des Gesprächs bezog sich auf das Ausbleiben der Deutschen. Ihr Bruder hat in Jelsa ein schönes Restaurant am Meer. Wie soll es denn weitergehen, wenn die Deutschen nicht kommen?

Perica kennt unsere Familie hier, als sie ein kleines Mädchen war, weil sie auch aus Jelsa stammt, ich soll sie grüßen. Das Kloster liegt fast verborgen zwischen den Wohnhäusern an einer schmalen Treppengasse. Man zieht an einer Schnur, um zu läuten, kommt in einen kleinen Vorraum, wo die Agavenmandalas ausgestellt sind, (feine Handarbeiten der Nonnen aus den Fasern der Agaven. Ich schäme mich meiner Unkenntnis vom Wert der Agavenbilder: 160 DM, nicht Kuna kosten einige von ihnen.) Durch ein erhöhtes Fenster, in einer Art Loge, führen wir unser Gespräch. Das Telefon unterbricht uns zweimal – die moderne Welt hat Vorrang. Im Hof sehe ich unterhalb einer Milchglasblende die schwarzbeschuhten Füße der Nonnen und Wäsche in Körben.

Ortsnotizen – Drôlerien

Drôlerien in einem Hafenbistro: Hans Wurst auf Reisen. Unsere dicken alten Landsleute aus Düsseldorf, (anfangs dachten wir, die beiden Pünktchen auf dem „u" hätte man ruhig weglassen können,) entpuppen sich als karnevalistisch heitere Bootsleute, die offenbar schon viel auf dem Wasser durchgemacht haben, sie bestrafen unsere Vorurteile mit ihrem Witz. Leben und leben lassen! Erkenntnisse einer Fischkundlerin.

Ein gegrillter Zubatac ist eine gute Voraussetzung für praktische Toleranz. Die Landsleute sind Gemütsmenschen, „aus deutschen Landen frisch und mit Fisch auf dem Tisch," so ihre Selbstdarstellung. Sie haben – wie wir – ähnliche Kindheitserinnerungen. Einschulung 1949. Maissuppen und Schokoladenersatz – alles erinnert an verlorene Utopien nach dem letzten Krieg. Dieser hier ist im Moment abwesend.

Wie also wird man wieder ein Menschenfreund?! Selbst gegenüber einem Zigarillo-Kettenraucher am Tisch nebenan. Man muss die Menschen vor allem erst einmal gut füttern und betrinken, finden wir an diesem Abend.

Angekommen im Hotel, spielt der kahlgeschorene elegante Pianist mit dem aus zwei Dutzend Haaren geflochtenen Zopf noch immer seine „Yesterday" Melodien, spielt uns das Lied vom Überleben, – um jeden Preis?! (Denn was wäre denn die Alternative zum Tourismus?)

Wie in Dubrovnik im letzten Jahr also auch hier: ein Hauch von Casablanca, ein intensives Lebensgefühl, das wir in Mexiko schon mal als „barock" erlebt haben. Dort hingen die winzigen bunten Skelette und Totenköpfe aus Plastik zwischen Papierblumen und Madonnenbildern lustig an den Leinen des kleinen Marktes von Coyoacan, wo, *by the way*, Trotzki mit der Axt oder einer Art Eispickel erschlagen wurde.

Am Kiosk unter Gebirgen kroatischer Zeitungen BILD: „Granatangriff auf US-Botschaft in Moskau."

H. vor ein paar Tagen: dem Wahnsinn hier kann man nur noch humoristisch beikommen. Und der Geschichte nur noch mit humoristischer Historiographie: Beispiele. Die Polen hätten doch (in Analogie zu Dubrovnik!) allen Grund Berlin zu bombardieren; ihr Grund zur Rache liegt doch weniger weit zurück. Und, so sein Vorschlag, warum sollte man Serbien nicht ebenso auflösen wie das militärisch und politisch geistesverwandte Preußen?!. Die kulturelle Eigenart – sofern sinnvoll – ließe sich ja auch in Kunst und heimischen Spezialitäten ausdrücken. Und der Zugang der Schweiz zum Meer?! – ja ebenfalls ein jahrhundertealtes ungelöstes Problem Europas (Irredenta).

Familiengeschichten – Rondo

1995: Wiedersehen mit unseren lieben Radmans. Eine bewegende Begegnung: gemeinsame Erinnerungen an unsere Lebensgeschichte, in der Vesna, damals unvorhersehbar, eine so wichtige Rolle gespielt hat. Meine Retterin. Und als Mutter unseres Freundes Miro.

„Hvar, das ist der Ort"! – beschloss Horst 1961 am Bug des Schiffes, als er mit mir hier in Hvar ankam. Ich war noch immer krank, aber nirgendwo im Ort war ein Bett frei. Das schöne Haus direkt am Meer, das er für uns ausgesucht hatte, würde erst in zwei, drei Tagen wieder ein Zimmer für uns haben. Vesna, die gerade im Garten Wäsche abnahm, hörte aufmerksam zu, sie begriff sofort unser Problem, als Horst ihr von unserer Lage berichtete. Natürlich würde sie helfen, so ihre spontane Reaktion. Einstweilen würde sie ihr Schlafzimmer für uns räumen und in die Küche umziehen. Miro, damals 17 Jahre alte, Gymnasiast in Split und in den Ferien zu Hause, übersetzte unsere ersten Gespräche. Sie waren der Beginn einer Freundschaft fürs Leben – mit vielen Höhenflügen, manchen Untiefen, aber letzten Endes wetterfest.

Jetzt gab es viele Nachrichten auszutauschen, so gut wir das auf kroatisch konnten. Und natürlich auch mit den Nachbarn.

Besuch bei Višnija Ahmatović; ihr Mann hatte uns am Vortag eingeladen. Er erschien dann nicht auf der Bildfläche. Was mag der Grund sein? Die Packerei am Ende des Sommers, wenn das Haus für den Winter eingemottet wird, ist wieder einmal Frauensache. Trotzdem, Višnija nimmt sich Zeit für eine Tasse Kaffee, und wir erfahren viel von ihr über die Stimmung im heutigen Dubrovnik, wo sie und ihr Mann als Journalist zu Hause sind:

Der erste Überfall war ein Schock, etwas Unfassbares; die Menschen reagierten mit einem fast computergesteuertem Überlebenswillen und Widerstandsgeist. Erst danach kam die Angst und die Depression, das Bewusstsein der hoffnungslosen Situation – alle Aktivitäten sinnlos, alle Pläne ohne Perspektiven. Vor allem die jungen Leute seien betroffen, um ihre Jugend gebracht, früh, zu früh gereift oder gar gealtert. Und die Kraft zu widerstehen erschöpft sich, geht über in Apathie. Was wird, was soll werden, wenn der Krieg zu Ende ist?

Anders als bei uns in Deutschland nach dem Ende des Krieges, 1945, ist die junge Generation heute nicht mehr an das eigene Land gebunden, strebt in die Ferne oder in die Großstadt Zagreb, wie Alen, Višnijas Sohn, der Zahnarzt werden will, nachdem er zuerst, in einem Anfall von verzweifelter Wut seine Stadt verteidigen wollte. Nun sucht er wenigstens einen lukrativen beruflichen Weg in die Zukunft. Sein *Kapetan* hatte ihn als Soldat zurückgewiesen, er sei zu „emotiv", solle erst einmal sein Studium beenden.

Andere streben gleich in die Welt, Deutschland, Australien, Kanada, Neuseeland. Der bekannte *„brain drain",* für den Länder wie Ex-Jugoslawien, nun Kroatien, nur bedingt verantwortlich sind. Man muss fast auf einen „westlichen Boom" hoffen, damit nicht alle aktiven und intelligenten jungen Leute das Land verlassen. Der Vergleich mit unserer Nachkriegserfahrung hinkt also hier. Trotzdem, man muss auch heute den Austausch fördern. Horsts Projekt der „Europa-Häuser" ist dafür ein möglicher Ansatz. Višnija meint aber, solche Erfahrungen seien nicht vermittelbar – noch nicht jedenfalls.

Wir erzählen von unserer Kindheit im Krieg, Horst in Berlin im Keller, dann auf dem Schulweg die brennenden Trümmer, schließlich das eigene Kinderzimmer in Flammen. Wir kommen uns ein Stückchen näher in diesem Gespräch, gewinnen Einblicke in eine tief verstörte Gemütslage. Ihre Tochter, erzählt sie, sei um Zentimeter in ihrem Auto von einem *„sniper"* – „ich nenne sie Mörder" – verfehlt worden. „Was sind das für Menschen!" – es bleibt unfasslich. Ihr Bruder Miroslav hat in Bihać seine Existenz verloren, sein Haus, seine Arbeit. Er versucht nun hier für Hvarer Naturprodukte Lavendel, Öl, Honig einen Markt aufzubauen, ist tiefunglücklich.

Visnijas Mann hat plötzlich einen „moslemischen Namen", und als Journalist wohl ein Zensurproblem. Also Konflikte, wohin man sieht. Einige wenden ihre Aggression nach innen, werden depressiv, krank. Und vor wenigen Tagen hatte man hier in Hvar einen jungen Mann zu Grabe getragen, der in Knin auf eine Mine gefahren war. Der Krieg so fern, so nah ...

Viele dieser Probleme sind auch uns vertraut, hier aber werden sie durch den Wahnsinn der politischen Kaste ins Aberwitzige verstärkt. Wir sind erschöpft und betroffen von diesem intensiven Gespräch, suchen Trost in der wunderbar zeitlosen Landschaft, dem Meer, dem „Großen Wagen" im Dunkel der Nacht.

Gespräch mit *Zdravko* auf der Terrasse des Palace Hotels am 21. September 1995.

Wir haben uns lange nicht gesehen, es gibt so viel zu erzählen! Er war mein erster Lehrer für Kroatisch, damals elf Jahre alt; er hat mir auch *Kyrillisch*-schreiben beigebracht, ich ihm deutsche Aussprache: „schö-ö-ö-ö-n, *nicht* scheen!" heißt es. Er war immer der kleine Bruder von Miro. Nun ist er promovierter Kulturwissenschaftler, mit Ivanka, einer Ärztin verheiratet und hat schon zwei Söhne. Wir sind uns aber was unsere Einstellung zu einander und zur Welt betrifft über Zeit und Raum nahe geblieben.

Dinge, die man nicht vergisst: seine Kunststücke beim Tauchen; den Strauß wilder Kräuter und Blumen, den er an meinem Geburtstag bei einer Bootsfahrt in der Macchia für mich pflückte; seine stille Aufmerksamkeit uns Älteren gegenüber, wenn wir über unsere Erfahrungen und Meinungen stritten. Über „Gott und die Welt" – wie wir es abkürzend nannten.

Jetzt geht es um den Irrsinn des Nationalismus, den Krieg, die Situation auf dem Balkan, und wie er das als Ausländer in der Schweiz erlebt, um Emigranten und Flüchtlinge – ein Thema, das ihn und Ivanka hautnah beschäftigt. Sie arbeitet als Ärztin in einem psychiatrischen Krankenhaus, er als Wissenschaftler an der Uni Konstanz; die Kinder besuchen Schweizer Schulen. Wir kommen rasch ins vertraute Fahrwasser, sprechen über Vorurteile und wie sie das Leben bis in den Alltag hinein vergiften. Der neue Nationalismus im alten Jugoslawien, den wir so nicht für möglich gehalten hätten. Zdravko ist wie wir ein Anwalt der Autonomie der Lebensgestaltung mit Freunden, kein kroatischer Nationalist – wie auch, als Dalmatiner und Humanist! Aber es fällt in diesen Tagen oft nicht leicht, sich gegen Unterstellungen und Einvernahme zu behaupten.

Horst ruft in Erinnerung wie damals im Nachkriegsdeutschland Anwälte der Erwachsenen und politischen Bildung, zum Beispiel auch an der Universität Göttingen, versucht haben, mit diesen Problemen umzugehen, und er regt an, solche Erfahrungen zu studieren und in dieser Situation aufzugreifen. Eine geplante Konferenz in Opatija oder das Interuniversity Center in Dubrovnik wären womöglich ein guter Ort für solche Überlegungen. Zdravko zeigt lebhaftes Interesse an diesen Gedanken; wir werden sie in den nächsten Tagen, wenn Miro kommt, weiter beraten.

Was können wir gemeinsam dagegen (oder dafür) tun? Die alte Freundschaft bewährt sich!

Die Paladinis und die Cheferica

Im Garten der Paladinis finden wir heute Abend keine Gäste vor, nur die Familie mit Freunden, auch Marija. Die schöne Tochter der Wirtin hatte uns gestern eingeladen; wir trafen uns auf der Piazza. Sie konnte, wie wir, kein Gefallen finden an der Schönheitsschau der *Miss Adriatic-Wahlen*, dem lautstarken Affenspektakel einer italienischen Werbefirma vor dem Palace-Hotel. Nur ihre kleine Schwester Jasenka, die sich gerade für Schauspielerei begeistert, blieb dort, und sie fand die Schau *ok*, genauer wohl: irgendwie *cool* oder *super*.

Die Chefin setzt sich zu uns an den Tisch, und wir lassen uns von ihr erzählen. Lucia Tudor hat drei Kinder, Marija 20, Ivan 18 und Jasenka 11 Jahre alt; sie, die Kleinste, ist ganz die Mutter, eine lebhafte rundliche Person, mit schönen großen Augen, blondem Schopf, wuschelig. Die Mutter, erst 39 Jahre alt, wirkt fraulich, stark, älter, obwohl sie gerade 20 Kilo abgenommen hat, wie sie uns stolz berichtete, als wir sie bei unserem ersten Wiedersehen wegen ihrer schlanken Linie bewunderten. Sie ist Seele und Motor dieses Familienbetriebs, der sehr viel umfangreicher ist, als wir bisher wahrgenommen hatten.

Das „Tudor Haus" ihres Mannes Antonio, das an ein Stadtpalais erinnert, und das mit seinem gemauerten Innenhof noch immer – verglichen mit den Bistros und Gostionas am Hafen und in den Gassen – etwas Fürstliches darstellt, wird von ihr bewirtschaftet. Vor dem Krieg hier beschäftigte sie 12 Angestellte, die alle aus Bosnien kamen, aus Tusla, viele von ihnen Serben, die von Mai bis Oktober in Küche und Haushalt, bei der Wäsche und der Bedienung halfen; auch auf den Feldern, oder im Weinberg auf dem Weg nach Milna. Dort besitzt sie von ihrer Familie her ein großes Haus mit 13 Zimmern, Bädern, Kellerräumen, das zu einer Pension und einem Restaurant ausgebaut werden soll. Sie ist ganz der Typ der Pionierfrau und Hausmutter, eine Unternehmerin, wie man sie in Amerika, im Mittleren Westen, fern der großen Städte, wiederfindet, eine Frau, die überall anpackt, alles im Griff hat, ohne Allüren mit gesundem Menschenverstand.

Lucia erzählt. Antonio, ihr Mann, der als Koch arbeitet und am Grill gerade nichts zu tun hat, kennt das alles schon und erkundigt sich, ob er gehen könne ... Er nimmt sich frei, vielleicht wird er wieder, wie gestern am Tisch nebenan, Touristinnen zum Lachen bringen, als Kater unterwegs sein, einsame Frauen mit seinem naiven Männercharme unterhalten und erheitern. Nie gehen ihm die Anekdoten aus. Dabei ist er wirklich auch ein hervorragender Koch, der seine Gäste schnell und zuverlässig betreut. Und „Papi" und „Mutti", das sieht man, sind gut aufeinander abgestimmt, wenn auch mit umgekehrter Rollenverteilung. Die „Cheferica" hat auch in öffentlichen Dingen eine kritische Stimme. So engagiert sie sich zur Zeit gemeinsam mit anderen Bürgern Hvars gegen den Ausverkauf der gegenüberliegenden Pakleni Inseln als Revier für die Fasanenjagd der neuen Herren aus Zagreb. Hier wiederholt sich für Dalmatien die koloniale Situation Kroatiens gegenüber Belgrad nun gegenüber Zagreb. Immer wieder hören wir in diesen Tagen heftige Kritik am Regime des Präsidenten Tudjman; und es gibt dafür inzwischen eine eigene Partei als Opposition: die *Stranka Dalmacija*.

Aber zurück zu unserem Gespräch und zum besten Roten *Crno des Ortes*: unter den duftenden Orangenbäumen im Garten *Paladino* erzählen wir uns unsere Geschichten ...

Lucia im Garten. Sie berichtet vom Tage: Marija wird heute 20. Auch ein Kind wird erwartet; eine Freundin des Hauses: große Aufregung, denn es gibt Komplikationen, das Fruchtwasser ging ab, vorzeitig, beim Kontrollbesuch in der Spliter Klinik. Nun warten alle, wie wird es weitergehen? Die Mutter der jungen Frau, Lucia und ihre Familie nehmen bewegt Anteil. Alle Stunde telefonieren sie. Wir warten nun auch schon mit der Familie auf den erlösenden Anruf. Er kommt gegen 11 Uhr nachts: Josip ist auf der Welt, alles ist gut gegangen! Wir nehmen teil an der Freude der Familie und ihren Freunden, beglückwünschen die frischgebackene Großmutter mit Umarmung und Kuss. Der Vater des Kindes stammt aus der Gegend von Vukovar, wo alles im Krieg zerstört wurde, ist also Flüchtling und lebt jetzt in Australien bei Verwandten. Er hat zwei Jobs, um dann endlich Frau und Kind nach einer zünftigen Hochzeit in Hvar zu sich zu holen.

Das Kind muss für die Ausreise allerdings zwei Monate alt sein. Sie alle wollen wieder zurückkommen, vielleicht nach vier Jahren. Die alte Auswandererhoffnung!

Lucia erzählt uns noch viele Geschichten aus dem Hause der Paladini. Ein aufregend schöner Abend in guter Stimmung, mit liebenswerten Menschen.

Unterdessen feiert Marija ihren eigenen Geburtstag, mit einer Freundin. Ihr Freund verabschiedet sich. Warum bleibt er nicht? Ist er nicht ihr Verlobter? Nein, so erfahren wir, er ist ein junger Priester, 28 Jahre alt, stammt aus der Gegend von Makarska, hat auch in Stuttgart gelebt. Ein attraktiver Mann. Babić, so heißt er, hat das Aussehen eines Jünglings oder auch eines Mönchs aus einem Greco-Bild, blass, schwarzäugig, edel – aber in modisch sportlicher Kleidung. Wie hätte ich ihn nicht als ihren festen Freund, ihren Verlobten, sehen können? Immer wenn wir dort waren, befand er sich in ihrer Nähe, war mit ihr ins Gespräch vertieft, auf sie bezogen. (Man könnte eine bittersüße *story* erfinden, die das Geheimnis ihrer Beziehung zum Gegenstand hätte.)

Pharos – die Insel Hvar im Wandel

Teilnehmen, Beobachten – Ethnographische Aufzeichnungen

Zeit haben

Ein Tag schöner als der andere. Gegen Ende des Sommers will die Sonne alles gutmachen, was sie bisher versäumte. Der Abschied wird uns schwer gemacht. Die morgendliche Erkundung am Kai: Wir müssen doch wieder nach Jerolim, inseln gehen. Im Boot sind wir die einzigen, die sich übersetzen lassen, die Felsenseite gehört uns allein, nein, wir teilen sie natürlich wie immer mit den zierlichen Eidechsen, die in unmittelbarer Nähe die Wolfsmilch erklettern, um Nektar zu schlecken; ihre winzigen schwarzen Zungen belecken flink Blüte um Blüte. Mein Apfelstückchen findet nur kurz Aufmerksamkeit – zu sauer, will mir scheinen.

Die Steine ringsum sind von vielerlei Blumen bewachsen, eine Art Huflattich mit strahlend gelben Blüten; langstielig und groß Rosmarin, zartlila in dichten Ständen. Im flachen Wasser der Kieselbucht kleine vereinzelte Fische. Horst findet gleich eine abgeschliffene, spiralig gemusterte Schneckenbehausung, ein Konus, penis-ähnlich; solche Muscheln habe ich zuletzt in der Südsee gesehen. Dazu, wie passend, entdecke ich zwischen den runden Steinen ein Petersohr, eine perlmuttfarbene Muschel, das entsprechende weibliche Symbol, ebenfalls ein seltener Fund an diesem Ort, der zu unserem heutigen Morgen passt.

Wir fühlen uns wohl in unserer Haut: die kühlen Steine, die warme Sonne, das erfrischende Wasser beleben uns. Ich versuche mich im Rückenschwimmen, schaue ins Blau. Die Schönheit der Bilder ringsum ist manchmal schwer zu ertragen, wenn man wieder auf die Uhr schaut – und doch, die Zeit bleibt manchmal stehen, wenn sich nur die Wellen kräuseln, die Pinien leicht im Wind bewegen, die Wolken in ruhigen Formen über einen durchsichtig blauen Himmel ziehen. Das monotone rhythmische Schnarren der Zikaden will nicht enden – so kann man fast in Trance fallen.

Dieses Zeithaben – eine unglaubliche Erfahrung.

Mit Zeit umgehen? Miro hat damit Probleme. Es heißt, er soll heute abend kommen, also kommt er vielleicht noch in diesen Tagen her; das heißt, wenn nichts dazwischen kommt! Solche Nachrichten, wie wir sie jetzt durch seine Eltern erfahren, lassen sich immer nur im Konjunktiv formulieren, meint Zdravko. Ein Wiedersehen zwischen Paris und Kassel in Hvar ist geplant.

Ein altes Leiden! – So hatte es auch angefangen mit uns. Beim ersten Fischpicknick, im Sommer 1961. Horst, „der Preuße" war „sauer". Zwei Stunden warteten wir an der Mole. Miro aber hatte richtig gute Gründe: Fische, die er fangen wollte! Und was sind zwei Stunden, wenn man Netze auslegt oder auf Harpunenjagd geht?! Zwei Stunden Warten im sonnigen Hvar?! nicht der Rede wert. So gab es eine erste Verstimmung, den ersten *clash of cultures*.

Später, allerdings, zu Besuch bei ihm in Cambridge (Mass.), wo er seine Forschungen (post-doctorate) fortsetzen konnte, erlebten wir einen superpünktlichen Miro: seine Zentrifugen im Labor bestimmten seinen Tageslauf in Harvard. Es gibt also für Menschen wie ihn offenbar zwei Zeitebenen, die verschiedenen Lebenskreisen und Sozialisationen entsprechen.

Das ist natürlich nicht neu, das hätte man schon damals wissen können. Nun also – wieder Hvar Zeit!

Heute, am 22. September 1997, Zeit für Proust-Lektüre. Ich finde bei ihm einmalige Passagen, die genau meiner Stimmung entsprechen, und ich muss sie unbedingt für mich im Tagebuch notieren:

„... so lag das nicht einfach an dem Zufall einer Gedankenassoziation; nein, es kam vielmehr daher, dass meine Reise- und Liebesträume nur verschiedene Momente eines gleichen, durch nichts zu bändigenden Aufsprudelns aller meiner Lebenskräfte waren, die ich heute willkürlich voneinander trenne, als legte ich an verschiedenen hohen Stellen einen Schnitt durch einen in allen Farben sprudelnden Wasserstrahl.

Schließlich, wenn ich weiter von innen nach außen den verschiedenen nebeneinander bestehenden Phasen meines Bewußtseins nachgehe, stoße ich noch auf ein Behagen anderer Art, das Gefühl, angenehm zu sitzen, die gute Luft zu spüren und durch Besucher nicht behelligt zu werden; dazu kam, dass ich bei jedem Stundenschlag vom Glockenturm von Saint-Hilaire (meinem Uhrturm der Loggia in Hvar!) die bereits vergangene Zeit des Nachmittags Stück für Stück herunterfallen sah, bis ich den letzten Schlag hörte, der mir gestattete, die Endsumme festzustellen; das Schweigen, das darauf folgte, schien im Himmelsblau dann der Anfang jener Frist zu sein, die mir für meine Lektüre noch blieb, bis zu dem guten Abendessen, das Françoise bereitete (hier im Palace Hotel) *und das mir Erholung von den Anstrengungen bringen würde, die ich bei meiner Lektüre an der Seite meines Helden (Marcel Proust) hatte mitmachen müssen.*

Bei jedem Stundenschlag aber schien es mir, als sei der vorhergehende eben erst gefallen; die jüngstverflossene Stunde stand noch ganz nah der anderen am Himmel, und ich konnte nicht glauben, dass sechzig Minuten in dem durchmessenen kleinen Bogen zwischen den beiden goldenen Markierungen des Sonnenstandes Platz gehabt haben sollten. Manchmal zeigte sich sogar eine übereilige Stunde mit zwei Schlägen mehr an als die vorige; eine hatte ich also überhört, es hatte etwas stattgefunden, aber nicht für mich; das Interesse an der Lektüre, die so magisch wirkte wie ein tiefer Schlaf, hatte meine halluzinierten Ohren abgelenkt und den goldenen Glockenton auf der azurnen Fläche des Schweigens einfach ausgelöscht..." (Proust Bd.12 S. 119–120)

Friedhof in Hvar – ein Septembertag

Nun ist der Wind wieder vom Süden gekommen, Jugo. Der Himmel ist grau und zu. Da kommen leicht düstere Visionen auf, heute zum Beispiel beim Anblick des großen starken Schiffes. Als die „Slavija" die Leinen losmachte, die hoch oben von den Matrosen eingeholt wurden, kam mir plötzlich der Gedanke, wie es wohl wäre, in voller Fahrt über die Heckreling zu springen und bei den Fischen zu bleiben. Ich dachte, ich könnte Zdravko noch Adieu sagen, aber er war verschwunden, das Schiff fuhr südwärts.

Früh morgens war ich schon über hundert Stufen vom Gradska Vrata, am Kloster der Benediktinerinnen vorbei, bis zur oberen Festungsmauer gestiegen, *mental and physical exercise*. Der Blick über die rotgelben Ziegeldächer der Stadt, über die Kuben der Häuser auf die vorgelagerten Inseln – heute alles in milden meergrauen Farben – ist eine Art Andacht für mich.

Nach dem Abschiedsritual am Hafen verbringe ich eine tröstliche Stunde in *Lucca*, mit Heinrich Heines Reisebildern; er sprüht nur so von witzigen Einfällen, Sprachspielen, Erfindungen, und hat doch, bei aller Ironie manchmal einen Ton, der ins Herz trifft. Was er über den leidenden Gott sagt, den die Menschen, besonders die Frauen lieben, weil sie ihm vertrauen, zutrauen, ihr Leiden mitzufühlen und zu tragen, hat mich heute sehr berührt. So würde er, sagt er, Jesus zum Gott machen, wäre er nicht schon von Geburt an Gottes Sohn.

Nachmittags ein gemeinsamer Spaziergang durch die hinteren Gassen der Altstadt, treppauf, bergauf, vorbei an verfallenen und neu herausgeputzten Häusern zum Friedhof oben auf dem Berg, die alte Stadt überragend mit Zedern und Zypressen; eine Nekropolis mit Blick aufs Meer und die Teufels- oder Hölleninseln, wo alte Römer oder auch schon Steinzeitmenschen begraben liegen sollen. Wir vermeiden es, auf die Steinplatten zu treten, die Tür zum Totenreich unter den Grabplatten. Künstliche Blumen, frische Sträuße, verwelkte Sträuße – zeugen von der Zeit der Anteilnahme.

Unser Tintenfischer wirkt hier oben, wenn er nicht an seinem angestammten Platz an der Badeanstalt, vergeblich, aber wie verrückt, Tintenfische zu fischen versucht, als Totengräber.

Wir entziffern einige Lebensläufe, Namen; fast 60 junge Männer sind zwischen 1941 und 1943 für die Freiheit ihre Landes, und, wörtlich für „narodna, partija i Tita" gefallen., „für Volk, Partei und Tito."

Der Gedenkstein wurde nicht verändert, wie sonst so vieles, was an die jugoslawische Vergangenheit erinnert.

Mittag

Augenblick
In der Schwebe

Die Stunden hängen im Strauch
Schön wie eine Beere

Die Eidechse unter dem Stein
sucht Schatten zum Schlaf

Augenblicke
eines seltenen
Einverständnisses

Šuncani Hvar – Wetterbericht

Das Gewitter kommt grummelnd, polternd vom Meer her näher. Zunächst war es nur ein Wetterleuchten hinter Jerolim, Richtung Italien. Meer und Inseln tauchten für Bruchteile von Sekunden in gleißendes Licht; jetzt zucken bläuliche Blitze quer über Land und Wasser. Von unserem Balkon aus erleben wir ein großartiges Spektakel: der Jugo-Wind treibt den Regen immer wieder in Böen fast horizontal zum Boden – im Licht der Laternen gut zu erkennen. Ein echtes Unwetter.

Allerdings ein normales Unwetter ... Trotzdem, wir fühlen uns wohl. Ich war zwar zunächst etwas angeschlagen, Kopfbrummen, Rückenschmerzen ... Stunden später aber, auf dem Agavenweg am Meer ging es schon wieder besser, und im Wasser wichen alle Beschwerden fast völlig. Ein Wunder? Oder kann man es sich so erklären, dass die irgendwie „elektrischen" Spannungen im Körper, in den Nerven vom Meer „neutralisiert" werden? Warum weiß die Medizin so wenig von diesen Zusammenhängen?

Am nächsten Morgen noch einmal schwere graue Wolkenmassen unterwegs. Und dann, plötzlich, das Zeichen: der Himmel versöhnt sich wieder mit unserer Insel. Der stärkste, schönste Regenbogen meines Lebens, als dann die Sonne durchbricht. Das ist Hvar – immer wieder, altvertraut und anders!

Wer zählt die Gewitter, die Stürme und Regengüsse, die wir auf diesen sonnigen Inseln miterlebt haben? Unvergessen – die ersten dramatischen Erfahrungen mit dem neuen Wanderboot: wir mussten auf dieser ersten Bootsreise für Wettervorhersagen die fehlende Elektronik irgendwie bewältigen und – wo immer möglich – taten wir dies an Land, informierten uns meist über Radiomeldungen. Es gab aber abgelegene Orte, wo uns niemand eine Auskunft geben konnte.

Auf der Fahrt nach Dubrovnik, an einem schönen Abend im kleinen Fischerhafen der Insel Šipan, versuchten wir es mit unserer *sozialen Methode*: jeder weiß, wie sensibel alte Fischer auf Wetterveränderungen reagieren, meist spüren sie's in den Knochen, wie sich das Wetter entwickeln wird. So verfuhren wir also in der bewährten Art, und die befragten alten Männer versicherten uns, dass es eine ruhige Nacht werden würde, und dass unser Boot an ihrem gemauerten Kai einen guten Liegeplatz gefunden hätte.

Nachdem wir uns bei einem von ihnen noch eine frische Makrele hatten braten lassen und einen guten Schluck Wein genossen, fielen wir in unserer Kabine in tiefen Schlaf, todmüde nach einer stundenlangen Überfahrt von der Halbinsel Pelješać Um Mitternacht weckte mich Donnergrollen, und in Sekundenschnelle brach ein Gewitter über uns herein, plus Wolkenbruch, der das Wasser im Hafenbecken zu Wellen auftürmte; unser schönes neues, viel zu kurz vertäutes Boot schlug unvermittelt mit Gewalt gegen die Steinmauern, mit dem Kiel auf den Grund, so dass mir Hören und Sehen verging.

Der gute Kapitän, unterdessen noch immer halb im Schlaf wie ein Bär, rieb sich endlich die Augen; allmählich begriff er, dass wir schleunigst die Leinen verlängern mussten; es gelang, ich weiß nicht mehr wie, aber vor Schreck hörte ich – zum ersten Mal in meinem Leben – meine eigenen Zähne klappern. Wieder einmal war uns Landratten eine praktische Lektion zu Teil geworden, und das auch noch gratis ... Unseren alten Fischern sei Dank..

„The gods must be crazy"

Manchmal trifft man unvermutet an einem Ort Menschen, die man gern öfter um sich haben würde: wir waren uns sofort sympathisch, als wir nach dem Konzert im Franziskanerkloster noch bei einem Glas Wein im Garten des Paladini zusammensaßen. Das etwas verrückte Programm, von Mozart über Paganini bis zu Gershwin, hatte uns in Stimmung versetzt. Wir hatten uns mit den bis dahin noch namenlosen Engländern verabredet und lernten uns nach dem ersten Zögern am Tag zuvor in intensiven und witzigen Gesprächen nach einer Bootsfahrt in Dubovića rasch kennen.

Carol, eine Frau mit großen braunen Augen, richtigen Maleraugen, war uns gleich aufgefallen, eine Künstlernatur, introvertiert, aber lebendig aufblühend, wenn man die richtige Saite anschlägt: Kunst, Malerei, Kunsttheorien. Er, ein Businessman, entpuppte sich etwas langsamer dann als „Philosoph", als ein nachdenklicher Mathematiker, der sich für die Struktur der Spirale in Muscheln interessiert und Evening Lessons zur „Einführung in Philosophie und Leben" gibt, von Plato über das Mittelalter bis zur Gegenwart, in der für ihn offenbar die vedischen Überlieferungen neue Gestalt bekommen. (Ouspensky). Wie bringt er das fertig? Wie kann er, als Repräsentant einer großen chemischen Firma für ganz Europa, dabei seinen Job machen?! Man lernt nie aus: seltsame, überraschende Rollenspiele.

Am nächsten Morgen auf der Terrasse des Palace Hotels, höre ich von Carol, sie habe mitten in der Nacht an mich denken müssen. Plötzlich sei ihr ein Film eingefallen: „*The Gods must be crazy*". Die Geschichte, eine wunderliche *story*, handelt von einem Buschmannstamm, der unvermittelt vom Himmel eine leere *Coca Cola* Flasche erhält. Sie war vom Himmel in den Wüstensand gefallen und hinterließ große Verwirrung. Der Streit um diese in Flaschenform vom Himmel gefallene Botschaft drohte den Stamm zu vernichten. Da beschloss der Chief, sie irgendwie wieder loszuwerden. Nach langer Wanderschaft erreicht er mit seinem Stamm eine südafrikanische Bergwand, „God's Window"; er entscheidet sich dort, diese Flasche endlich aus dem Fenster zu werfen. Und endlich kehrte wieder Friede ein im Stamm!

Was aber war der Sinn dieser Botschaft? – Noch immer rätseln alle, die je von dieser Geschichte gehört haben, was der Himmel, Gott oder Götter, ihnen und uns mit dieser *Coca Cola* Flasche sagen wollten. Der Häuptling schüttelt den Kopf „*The gods must be crazy*".

Erklärungsversuche: Es könnte aber doch, gab ein kluges Kind zu bedenken, ein Hubschrauber gewesen sein. Ja. Vielleicht. Könnte ...

Und die Ethnologin? (an die diese story wohl adressiert war?): Sie hat gelernt, plausiblen Wahrheiten zu misstrauen; der Himmel bleibt auch ihr ein Rätsel – bis auf weiteres, jedenfalls.

Lebenskreise

Die kleine Stadt hat viele Lebenskreise: das Theater mit Tin; die Musiker mit Katarina, mit der Musikervereinigung und der kleinen Akademie. Die Fischer, die jetzt wieder im Stadtbild, am Hafen auftauchen, starke struppige Männer mit Bart und blauem Schweißhemd oder drahtige Burschen, die Seeräuber sein könnten; ihre grauen, oft verwahrlost aussehenden Thunfischkutter sind wahre Rostlauben; daneben die lokalen Freizeitfischer, die abends glücklich mit zwei bis drei mittleren Brassen oder Tintenfischen nach Hause gehen.

Bei den Musikern darf man die Sänger nicht vergessen, die aus allen Lebenskreisen stammen: die *Klapa* – darunter Kellner, Postbeamte, Friseure. Das Reich der Glocken mit dem eleganten Priester aus dem Bischofssitz, und dem alten Priester, der die Nonnen besucht. Die Nonnen selbst, zierliche und kräftige Frauen, die frühmorgens singen, oder Holz hacken oder zarte Agavendeckchen knüpfen – Benediktinerinnen eben!

Die Touristen, seltsame, seltene Vögel, in diesem Jahr so kurz nach dem Krieg, bei allen individuellen Unterschieden erkennbar doch eine Sippe für sich, nicht zur ureigensten Kultur von Pharos gehörig. Neu dazugekommen, die Parteipolitiker vom Festland: gleich zwei Konferenzen in zwei Wochen (vor der Wahl am 29. September 1995). Die Zeit drängt, alles soll sich ändern! Besser werden.

Der Kommentar des „Schnauz", unseres Kellners im Palace, ein Brite oder Seeräuber oder britischer Seeräuber seinem Aussehen nach: „nur zum Lunch" kämen sie, „und zum Bla-bla-bla!" Immerhin, die alte Loggia war am vorigen Freitag zur ersten Wahlversammlung voll: „die demokratischen Gene der Region", lassen sich offenbar leicht wieder „reaktivieren " so, halb im Scherz, unser Freund Miro (inzwischen Genforscher in Paris).

Die Hunde wiederum sind ebenfalls ein eigener Kulturkreis; auch sie sind eigentümlich für Pharos, außergewöhnlich wohlerzogen, möchte man meinen – fragt sich nur von wem?! Nie springen sie einen Menschen an oder lecken ihn gar; sie gehen abends, wie alle, zum Bummeln in die Stadt, haben einen durchaus eigenen dalmatinischen Charakter, selbst als Mischlinge; oft sind es richtige Hundeschönheiten mit klugen Gesichtern, rank und schlank.

Selbst die typischen Hundebegrüßungsformen, die ja manchmal etwas Anstößiges haben, zeigen hier Eleganz. Kein Wunder, bei solchen Gelegenheiten zur Selbstdarstellung, wie ich sie zum Beispiel heute morgen beobachten konnte: im Bogenfenster der Loggia präsentierten sich Mephisto und eine schwarzgefleckte Dalmatinerin als reglose Skulpturen im Sonnenlicht, würdevoll blicken sie, über die Passanten hinweg, jede Hundeperson für sich, in die gleiche Richtung, als erwarteten sie die Ankunft ihrer eigenen Schiffe.

Das Revier der Kinder und Jugendllichen konzentriert sich auf der Piazza: vor der Kathedrale, fußballspielende Jungen, ältere und jüngere, klar unterschieden in zwei Gruppen; dann die kleinradfahrenden Jungen bis zu etwa 8 Jahren; auch noch kleinere gibt es mit gestützten Rädern. Die Gruppe der kleinen Mädchen rund um den Brunnen, hübsch geschürzt und mit ihren Puppen beschäftigt; überhaupt fällt auf: die Trennung der Geschlechter. Die Hafenmauer mit den alten Männern, die Sonnenbank aus Stein mit fünf älteren Frauen. Auf dem Korso besonders die Schülerinnen, höchstens 16 Jahre alt, manche noch jünger; alle mit Rucksäcken, elegant über bloß eine Schulter umgeworfen, mit Modestiefelchen oder Plateausandalen; weniger an Zahl die jungen Männer, aber auch die bleiben für sich. Schöngewachsene junge Leute. Beide Geschlechter – eine Augenweide! Aber wo begegnen sie sich „ultimativ"? In der Disco? („oder?" – wie unser Freund Zdravko zu allem, irgendetwas andeutend, gern sagt.)

Die Gärtner und Weinbauern schließlich sind eine eigene alteingesessene und immer noch starke Population; ihr Lebenskreis überschneidet sich mit fast allen anderen genannten. Katarina, zum Beispiel, die Querflöte spielt und unterrichtet, und die das kleine Fischrestaurant führt, hat jetzt alle Hände voll zu tun. Die Weinernte geht in diesen letzten Septembertagen zu Ende. Der Herbst ist schon zu spüren, die Abende sind merklich kühl geworden, und es wird früh dunkel. Aber sie freut sich, bald wieder Zeit zu haben für ihre Musik.

Künstler

Die Fülle der Talente und Begabungen in diesem Teil Europas – oder ist das etwa nicht Europa?! – beindruckt immer wieder. Vera und Duško begrüßen uns herzlich in ihrem schönen Künstlerhaus. Überall ihre Plastiken aus geschmolzenem farbigen Glas, so nie gesehene eigenwillige Gebilde, die sich dehnen und drehen und wieder zusammenfallen. Auch Keramiken, wie ich sie schon vor 10, 15 Jahren in einem kleinen Shop am Markt gesehen hatte, starke Rundformen, in sich feingegliedert, die an Seeigel oder Sonnenscheiben erinnern. Im Speisesaal des Palace-Hotel konnten wir sie – nun zu dekorativen Wandreliefs ausgewachsen – bereits bewundern.

Duško zeigt uns seine Fotografien; besonders gefällt mir ein Bild mit honigfarbenen Kieseln, die durch das flache, klare Wasser des Meeres schimmern. Er bevorzugt einfache Motive. Er arbeitet zugleich als Journalist, kümmert sich dabei um Umweltprobleme, um Stadtentwicklung und -darstellung. Überall Bilder von Freunden; moderne Grafik, und die naive Malerei von Veras Großvaters, der ungarischer Herkunft ist, während sie, selbst eine Serbin, aus Novi Sad stammt, also aus diesem brodelnden Topf der Völkermixturen, der uns mit seiner Kreativität – und gegenwärtigen Zerstörungswut – immer wieder fasziniert und erschreckt.

Im bescheidenen, selbst erbauten Steinhaus am Meer bewirten uns Tin und Dolores mit Kaffee und Erzählungen. Für beide ist die literarische Theaterarbeit mit jungen Leuten im ältesten Bürgertheater Europas heute Brennpunkt ihres Engagements. Poesie und Tanz sind für Dolores ein Weg, den ratlosen Jugendlichen neue Orientierungen zu eröffnen. Aus der Überlieferung hat Tin den Stoff für Stücke gefunden, die sich mit den Fragen der Gegenwart auseinandersetzen. Nicht nur das alte Theater, sondern Straßen und Plätze der venezianischen Altstadt bieten sich wie von selbst für solche Aufführungen an. Zum Abschied schenkt mir Tin Kolombić seinen Gedichtband *Dobro More*; darin feiert er in Versen, die geschliffenen Kieseln gleichen, das *Gute Meer* seiner Insel.

Was Gesang und Dichtung in den unterschiedlichen Regionen Kroatiens den Menschen schon immer bedeutet haben, erfahren wir im Vortrag der Sängerin Dunja Knebel; sie ist ein Naturtalent von eindrucksvoller Stimmkraft. „*Jer bez tebe nema mene*", ein inniges Liebeslied, das uns – als Bekräftigung unserer Beziehung – in Erinnerung bleiben wird; es lässt auch eine religiöse Deutung zu, wäre dann an Gott gerichtet, „ohne den es mich nicht gäbe."

Radovan Lorković hat uns eingeladen, ihn doch noch vor unserer Abreise in seinem neuen, alten Haus zu besuchen; unbedingt sollten wir die Musikschule, gleich neben dem Palace-Hotel in Augenschein nehmen. Wir sind begeistert: die Räume im 1. Stock des ehemals kakanischen Hotels sind nun verwandelt in eine Reihe von Musik-Salons und Übungsräume. Mit dem Flügel seiner Mutter, Melina Lorković, einer berühmten Pianistin und ihrem Mobiliar aus Zagreb ist eine zauberhafte Welt entstanden, die die Atmosphäre kultivierter Geselligkeit im Stil des 19. Jahrhunderts in Wien oder Zagreb nun verbindet mit dem Leben junger Musikenthusiasten aus dem Ort.

Hier erhalten sie nun hervorragenden Unterricht. Er, Professor für Violine und Edith, seine schweizer Frau und Dozentin an der Basler Musikakademie wie er, sowie eine Pianistin aus Sarajevo unterrichten dort in Kursen. Ebenso Katarina, die junge Wirtin von *Dva Ribara,* die selber Querflöte spielt und sich musiktheoretisch weiterbildet, wenn es im Winter nach den Touristen und der Weinernte in Hvar endlich Stille dafür gibt.

In großer radioaktiver Verdichtung werden an diesem letzten Tag noch all die Projekte und Fragen besprochen, die uns, vor allem Horst, den ganzen September über beschäftigt haben (und maßvoller hätten organisiert sein können). Die Erweiterung der Musikschule zu einem Kulturzentrum und Forum hat bei vielen Freunden vor Ort ein Echo gefunden. Es soll – ähnlich wie *Die Brücke* oder die Amerika-Häuser in der Nachkriegszeit in Deutschland – ein Ort lebendiger Begegnung werden, den Austausch von Meinungen und Ideen zwischen den verschiedenen Gruppen und Lagern befördern. Auch an Ferienkurse für Touristen ist gedacht: die Künstler und Theaterleute würden dort ihre eigenen kulturellen Programme anbieten.

Nikša, der Architekt und Maler ist Feuer und Flamme dafür, und Radovan will mit seinen Mitteln ein neues Haus dafür bauen. (Große Zukunftsträume! In dieser Aufbruchstimmung scheint alles möglich!)

Das Haus des Poeten Hektorović in Starigrad

Die Außenwelt der Innenwelt eines Renaissance- Edelmanns, Dichters, Weisen. Seine Verse eingemeißelt in die Wände des Hauses legen Zeugnis ab von einem kreativen, unabhängigen Geist. Das klösterliche Anwesen, das er für sich und seine Freunde in 40 Jahren erbaute und den Dorf- und Stadtbewohnern als Fluchtburg öffnete, mit Fischteich und Ziergarten, hat unsere utopische Phantasie beflügelt. (Die Fische, Meeräschen, allerdings sollten nicht gefangen werden.)

Kritisch schaut die Kirche mit einem Zyklopenauge und zwei starken Glocken im Turm über die Mauer dieses ihrer Allmacht entzogenen Gemeinwesens. Heute ist dies alles wehmütige Erinnerung. Denkbar eine neue Renaissance durch europäische Poeten? Eine Sommerschule à la Korčula für Schriftsteller. Eine Stiftung des PEN? (Noch immer nur Träume, aber denkbar!)

Gegenüber dann der berühmte Blick auf das Meer. Agaven. Knorrig gesunde Pinien, bunte Badegäste, im Hintergrund die Kette der kleinen Inseln. Das Geknatter von Bootsmotoren. Segler. Die Sonne wird wärmer. Komm, lass uns nun baden gehen!

Dagmars Galerie

Ausflug nachPalmižana – eine *sentimental journey* mit Hindernissen, melancholischen Einlagen, mit neuen Lichtblicken und kalten Wartestunden; vor allem aber ist es die Wiederbegegnung mit Dagmar Meneghello, einer veritablen Mutter der Künste und ihrer Galerie *Skorpion*. Der erste Eindruck einer Inselbohème erweist sich nur zur Hälfte als richtig. Seit etwa zwei Jahrzehnten fördert Dagmar Meneghello junge Künstler aus dem Lande, meist aus Zagreb, wo sie früher als „Höhere Tochter einer kultivierten Familie" – wie man uns schon von ihr erzählt hatte – zu Hause war, ehe sie Toto, den Inselherrn von Palmižana kennen lernte, sich in ihn verliebte und seine Frau wurde. Sie hat drei inzwischen erwachsenen Kinder. Vor einigen Jahren starb ihr Mann Toto an Hydrocephalos – was für ein Tod für einen so kühnen Taucher.

In einem Kabinett der Galerie finden wir die von ihm geborgenen Schätze, darunter viele Amphoren oder Scherben von griechischen Gefäßen, die mit ihren Schiffen hier – auf dieser historischen Wasserstraße der Adria – untergegangen sind. Das ganze Haus ist verzaubert von Kunstwerken aller Art, Bildern und Figuren, die bis auf die Terrasse drängen und sich zu den Gästen des Sommerrestaurants gesellen. An Wänden und Bäumen suchen sie sich die für sie passende Plätze. Für Dagmar Meneghello kommt die Kochkunst dazu, bildet einen Lebenszusammenhang mit dem Garten und der Naturschönheit dieser kleinen Insel. Aber die Idylle ist schon lange kein unentdecktes Paradies mehr. In ihrer Münchner Galerie hatte sie nicht nur für ihre Künstler geworben; vor allem Bootsleute aus aller Welt haben Palmižan schon früh als Geheimtip gehandelt. Heute gibt es dort einen Yachthafen, der in den Sommermonaten ein beliebter Treffpunkt für sie ist. (So sollte man also spät im September wiederkommen.)

Immer wieder Palmižan

17. September 1996: Kurz entschlossen: beim Blick in den Himmel und auf Borkos Boots im Hafen, schön zur Ausfahrt bereit, entscheiden wir uns für einen Bootstag. Wohin? Wir werden sehen! Ein herrliches Gefühl, wieder wie früher auf dem Wasser zu sein. Horst ist schnell mit dem Motor vertraut; es geht los, Richtung Palmižan. Ja, die Zeiten auf dem Wasser sind unvergessen und unvergleichlich. „Freiheit der Meere" – für uns kein leeres Wort!

Anlegen, ablegen, wir sind geübt, lassen das blaue unscheinbare Kvarner Boot an der Mole und treffen Dagmar Meneghello auf ihrer Terrasse, allein wie Medea; nur ihre beiden Tempelhunde haben uns schon bellend angekündigt. Sie wirkt abgespannt, düster, nicht nur wegen ihrer großen schwarzen Gewandung und dem Rosenkranz als Kette um den Hals. Wir kommen zögernd ins Gespräch, stören sie wohl beim Ordnen ihrer Papiere, bis wir auf die Situation des Hauses zu sprechen kommen. Nun taut sie auf, wird lebhaft und erzählt uns skandalöse Geschichten darüber, wie die „bandidos in Zagreb" erneut auf Raub aus sind, Jagdreviere, Villen auf den Inseln für sich begehren. Wir beraten, fragen uns, ob vielleicht Touristen, die Künstler, die bei ihr ausstellen oder die reichen Yachties, die hier gern anlegen, hilfreich sein können. Wir verlassen sie bedrückt. Auch die schönsten Tage hier sind nie ohne Schatten, böse Erinnerungen.

Aber auch lustige. Wenn die Italiener mit ihren großen Familien im August bei Dagmar einfallen, ein chaotischer Haufen, und sie sich ohne Streit den Topf mit dem Muschelrisotto aus der Hand nehmen lässt, sich am Appetit der Drängler noch herzlich freut; sie wartet und genießt. „Alles wie's kommt!" Wehe, wenn das mit den Deutschen passierte. Zwanzig tolle Tage im August gibt Italien den Ton an. (Die Deutschen, so ihr guter Rat, sollten diese Zeit meiden.) Aber sie sympathisiert erkennbar mit den Chaoten, ungeachtet ihrer Vorliebe für anspruchsvolle Kultur: Oder gerade wegen ihrer Liebe zur Kunst!

Wir wandern über den Kamm der Insel nach Sveti Klement durch blühende Rosmarinsträucher, Kräuter und Gräser. alles duftet lieblich nach dem Regen. Der Blick in die Ferne: Vis, Biševo, wo wir mit unserem großen Boot unterwegs waren. Die Wege sind schmal, steinig, aber von Piniennadeln bedeckt; wir kommen gut voran, sind nach einer knappen Stunde in

Sveti Klement, wo Lisa und Tonči mit acht Gästen in der Küche beschäftigt sind. Peregrina, ihre Tochter, die für 14 Tage aus München gekommen ist, eine starke junge Frau, Lisa sehr ähnlich, hilft dabei.

(Wir liefern Grüße ab und erzählen von unserem letzten Zusammensein mit Christine Brückner und OHK. Horst vor allem über Pummerers Befinden, und dass er ein gutes Gespräch – von Kollege zu Kollege mit ihm führen konnte. Wir haben auf dem Weg, den sie so lieben, an der Champagnerbucht eine Gedenkminute für die beiden eingelegt. Immer wieder die Erkenntnis: man steigt nicht zweimal in den gleichen Fluss ...)

Seltsamer Traum: Ein schmutzig grauer Eisberg taucht aus dem Meer, in dem ich schwimme, kommt auf mich zu, neben mir schwimmen große teufelsförmige Fische, groß wie ein Mensch. Horst: „vielleicht die bandidos?" (Aber die kommen eher mit ihren Schnellbooten aus Split, telefonieren laut mit ihren Handys und bestellen für sich die größten Fische.)

Noch immer Sommer

Die Schwalben fliegen heute hoch; es ist noch immer Sommer. Die Bratengerüche aus dem Hotel werden von einer frischen, nach Pinien duftenden Brise verdrängt. Die Lavendelfrauen sitzen – seit Generationen möchte man meinen – hinter ihren Ständen; hinzugekommen sind die Modeschmuckhändler und Porträtmaler, die einen Anflug von Boutiquenenatmosphäre und künstlerisch gemeintem Kommerz vermitteln. Transistormusik, heute nicht ganz so laut wie vor ein paar Tagen, als Horst wie ein Drachentöter den Terror der Billigmusik auf dem Kompass-Schiff durch sein entschiedenes Einschreiten beendete: Der Kapitän war verblüfft, aber einsichtig und lud ihn zu einem Šlibović ein.

Unser Ferienvergnügen: Vorübergehend sind wir wieder Eingeborene in einer kleinen Stadt, Mitglieder einer überschaubaren Gemeinde. Jetzt, gegen Ende des Sommers sind es wieder Fischer, Schulkinder, schwarzgekleidete Großmütter, die das Bild von Hvar bestimmen. Der blonde kleine Josef als Männeken Piss, der Hinkefußspieler, die unermüdlichen Mütter, die auf dem abendlichen Korso ihre schönen Leibesfrüchte ausfahren, oder kosend und klapsend vor sich herschieben, sie sind nun wieder Mittelpunkt des Lebens hier.

Ende des Sommers

Die alte Laternenanzünderin am Hafen kommt jeden Abend ein wenig früher ...

Das letzte Schiff, die Lastovo, verschwindet mit einer schwarzen Wolke und im Zickzackkurs aus dem Blick – ein Rauchpilz hinter der Halbinsel ... Trennungsschmerz, Abschied, Altweibersommer.

Es wird kühl nachts, der Mond ist schmal geworden. Die Sardellenfischer bereiten sich auf ihren großen Fang vor.

Europa?

Was man leicht übersehen oder vergessen kann: dieser Ort und die Insel Hvar sind ein Stück altes Europa; sie haben eine eigenständige, anspruchsvolle Kultur, die immer auch weltoffen war. Das alte Theater, die Konzerte im Kloster, der Palast des Dichters Hektorović erinnern auch den Touristen daran. Und im Grunde obsiegt die Architektur der Stadt über den touristischen Rummel. Über dem kleinen Hügel der Altstadt mit ihren schattigen Gassen und mehrstöckigen Bürgerhäusern grünt der Zypressenhain des Friedhofs, – ein lebendiges *memento mori*.

Der Trauerzug, der vor einer Woche als nicht endende schwarze Schlange von Menschen unterhalb des Franziskanerklosters seinen Anfang nahm, in gemessenem Schritt über die Hafenmole schließlich zur Kathedrale gelangte, war auch eine Demonstration des Lebens dieser anderen Kultur, die sich nicht auslöschen lässt, und die, für kurze Zeit wenigstens, als eine respektvolle Stille die Stadt beherrscht ...

Es war wohl zugleich auch eine Anklage: Ein junger Hvarer muß unter tragischen Umständen beim Militär ums Leben gekommen sein.

Die Musik garantiert ein bisschen Überleben außerhalb der Saison für die allerletzten Gäste, „La Paloma", die „Lovestory". Mario gibt sein letztes Stück, gefühlvoll, andante.

Zlata

„Nemate Strah?! - Haben Sie keine Angst", fragte mich Zlata auf dem Flugplatz in Zagreb, als ich ihr unser Reiseziel nannte. Dubrovnik?! Noch vor wenigen Tagen wurde der Flugplatz wieder beschossen, wohl um die Touristen gezielt abzuschrecken, nachdem im Spiegel ein Bericht über den wenigstens für Liebhaber und Nostalgiker (wie uns) wieder aufkeimenden Tourismus gestanden hatte. Sie freut sich, als ich sage, die deutschen Autobahnen seien ja auch nicht ungefährlich.

Zlata, eine Schönheit, groß, schlank, mit goldbraunen langen Haaren und unglaublich tiefen graublauen Augen, arbeitet in Bensheim in der Küche eines Restaurants, manchmal zehn Stunden am Tag. Wird sie gut behandelt von ihren Kollegen? Ja, sie kann nicht klagen. Und es sind auch Deutsche. Sie spricht noch nicht sehr gut deutsch und ist froh, über meine Versuche im Kroatischen. Mit der Bezahlung ist sie zufrieden - wie auch nicht, in ihrer Lage. Sie kommt als Flüchtling aus Bosnien, aus der Nähe von Banja Luka, einer kleinen Stadt, wo ihr Vater ein Geschäft mit Auto-Service hatte. Ihre Mutter ist so alt wie ich und hat sieben Kinder. Sie haben alles verloren, wurden als Kroaten von Serben vertrieben, leben nun bei einem Bruder der Mutter in der Nähe von Ston in Dalmatien. Drei Kinder arbeiten in Deutschland.

Heimreise: Betet für uns!

Neben mir im Flugzeug rechterhand eine junge Franziskanerin auf dem Weg nach Mainz, wo sie die Kinder der großen kroatischen Flüchtlingsgemeinde, etwa 3 500 unterrichtet: Religion und Sprache, um sie für die Heimkehr zu rüsten. Sie ist dafür, dass die Kinder bald nach Hause zurückkommen; es wären zu viele in Deutschland. Sie kommt aus dem Mutterhaus der Franziskanerinnen in Sarajevo, wurde als 13. Kind einer Familie in Busovaca, Mittelbosnien geboren und ist schon seit zwanzig Jahren Nonne. Ihr Bruder, das 9. Kind der Familie, ist Priester. In ihrer Heimat lebten vor dem Krieg alle ethnischen und religiösen Gruppen friedlich miteinander (15 000 Kroaten, weniger Muslime und Serben.) „Die Serben haben nicht unserem Präsidenten zugestimmt" seien „böse, nicht religiös wie die Kroaten", meint sie. Nun lebten dort nur noch Muslime, mehr als früher ...

Ich drücke mein Bedauern darüber aus, dass es so gekommen ist, auch meine Hoffnung, dass das Zusammenleben eines Tages wieder möglich sein wird. Das müsse doch überall angestrebt werden. Das könne nur friedlich geschehen. Sie nickt, schaut mich mit ihren großen braunen Augen an: „Ja, betet für uns!" – Ich: „ich will es auf meine Weise tun."

Als zwei Stewardessen, schicke junge Mädchen mit gelackten Fingernägeln gekonnt Weine und Getränke von ihrem Wagen herab servieren, Gläser reichen, Tassen füllen, legt sie für einen Moment ihre linke Hand auf meine rechte und lobt die beiden, beeindruckt von ihrer Tüchtigkeit – „unsere Mädchen!" – wie sie das alles schaffen! ist gemeint. Eine zarte Geste fraulicher Solidarität. Als wir in Frankfurt angekommen, uns am Gang verabschieden und alles Gute wünschen, sagt sie, jetzt nicht mehr deutsch: „*Hvala*, dass ich mit Ihnen reisen durfte ..."

Postscriptum – Brief an Ansgar Skriver vom WDR 12. Oktober 1997

Lieber Ansgar,
... Ich bin aber auch wochenlang nicht mehr am Schreibtisch tätig gewesen.

Wir waren auf unserer Heimatinsel Hvar, wo wir uns mit Freunden zu Gesprächen über das gemeinsame Kulturprojekt getroffen haben – ich habe Dir wohl schon früher von Horsts Initiative erzählt, und wo wir diesmal auch etwas für unsere körperliche und seelische Regeneration tun wollten (und mussten)–, wir haben die einzigartige Verbindung von landschaftlicher Schönheit und mediterranem Stadtleben, vor allem aber das glasklare Wasser der Adria genossen, wo es – wie zum Hohn auf die destruktive Menschheit – nun wieder ein Paradies für Fische gibt.

Die Spuren des Kriegs finden sich hier vor allem in den Köpfen der Leute: viele wollen nicht mehr daran denken, fühlen sich ohnmächtig. Aber es gibt auch – wie damals nach 45 bei uns – gottlob immer wieder andere, die die Hoffnung nicht aufgeben, dass sie in diesem Land eines Tages zivile und demokratische Verhältnisse durchsetzen können. Die Bevölkerung der Küste und in den Städten hat ja bereits politisch Mehrheiten, die das Tudjman-Regime ablehnen.

Im Verbund mit lokaler Theaterarbeit und politisch engagierten Künstlerfreunden – einer von ihnen ist zweiter Bürgermeister, (ein Linksliberaler) – kann die Musikschule und die Stiftung unseres Freundes aus Basel zum Focus oder Forum für weiterreichende Diskussionen werden, die natürlich vor allem auch den ethnischen Wahnsinn zum Thema haben (müssen!) Darin sind sich alle Freunde einig. Probleme gibt es aber unter Künstlern, wie Du weißt, auch auf anderer Ebene, und so haben wir auch damit zu tun gehabt. (Nichts ist vollkommen, wem sage ich das!)

Im Ausdruck Deiner Message fehlten ein paar Worte. Ich lese aber mit Kummer, dass es Dir nicht so gut geht. Vielleicht solltest Du mal wieder Kapitän spielen, auf ruhigem Gewässer Abstand zum geliebten, erlittenen Beruf zu finden versuchen. Ich weiß, dass es nicht so leicht fällt, aus dem Journalistenalltag auszusteigen, aber Du schreibst ja auch andere Sachen!

– Dank für Deinen Vietnam-Clip und Dein Gedenken an alte Zeiten! *Aus heutiger Sicht ein Rückblick auf ein Stück Geschichte, das sich nach anfänglichem Mangel an Interesse nach und nach aus persönlichen Begegnungen mit historischen Zeugen, Menschen und Bauwerken, zu einem Mosaik, dann zu einem ganz persönlichen Bild entwickelt hat.*

Neues Ferienland Kroatien
Wiedersehen mit Dalmatien 2003–2008

„Man steigt nicht wieder in den selben Fluss. Aber wir sind doch irgendwie heimgekehrt," – so meine Mitteilung an eine Freundin. Wie gut, dass wir Cavtat nicht kannten. So können wir doch noch an unserer geliebten dalmatinischen Küste neue Entdeckungen machen, und wir sind verzaubert. Wie im Bilderbuch liegt das Fischerstädtchen zwischen zwei Halbinseln unter uns, mitten im Wald. Nie haben wir so frischgrüne Pinien, nie so viele Blüten in der Macchia gesehen: Ginster, Disteln, Mohn, Lippenblütler, gelb und violett, pinkfarbene Orchideen. Ein Wunder? Vielleicht, aber wir waren auch noch nie so früh im Jahr im Lande unterwegs.

Große alte Pinien, ein Säulengang entlang dem Meer, hoch über den vertrauten Felsen gibt den Blick frei auf ein in allen Blautönen abgestimmtes Bergpanorama, das an die Alpen erinnert. Oder an einen Schweizer Binnensee, wenn man nach ein paar Schritten den Ort wieder im Blick und den Horizont verloren hat. Ich gehe barfuß und genieße die rauhen Kiesel, die Pinienadeln unterm Fuß. Der Ort selbst zieht sich am Berghang hoch, gekrönt vom Friedhof, schmiegt sich in die Bucht mit den hellen Steinhäusern und warmroten Ziegeln. Eine kleine Kirche mit Bischofssitz und Klingsors Garten. Überall blüht der Oleander, die Bougainvillas. Wir sind hingerissen. Dazu das milde dalmatinische Klima.

Also doch auch ein Wiedersehen. Seit unserer Ankunft nach einem ruhigen, bequemen und überpünktlichen Flug ab Frankfurt am letzten Sonntag gab es hier viel neu zu erkunden und manches wieder zu entdecken. So erinnert das Fischerstädtchen mit seiner palmenumsäumten Pier, den kleinen Cafés, Restaurants und Geschäften an das frühe Hvar. Allerdings nun doch um einige „Errungenschaften" der kapitalistischen westlichen Welt – bis hin zum Internetanschluß im Hotel – angereichert; alles im Ort wirkt geordnet, aufgeräumt, privat, also mit Eigeninteresse organisiert; nicht mehr die vertraute „sozialistische Schlamperei". Selbst die sonst lästige Autoplage wird eingegrenzt. Keine aufdringliche Reklame. Der Bürgermeister muss hervorragend sein. (Bei so viel Wohlgefallen bleibt als Kontrastprogramm nur eine tückische Mücke, die mir nachts den Schlaf raubt.)

Dubrovnik – das gegenüber, auf der anderen Seite der Bucht in alter Schönheit im Abendlicht zu sehen ist – soll diesmal bewusst nicht im Mittelpunkt unserer Reise stehen. Vielleicht haben wir bei unserem letzten Besuch (1993,1994) alle unsere Emotionen und nostalgischen Gefühle abgearbeitet; vielleicht hätte es einen Einbruch in nicht kontrollierbare Abgründe bedeutet, wenn wir alle unsere Träume, Visionen, Erinnerungen abgerufen hätten:

Unsere allererste Reise 1957 mit Bahn und Schiff, als wir noch Studenten waren und in Dubrovnik auf der Terrasse des Hotels Imperial gemeinsam mit verschwitzten Matrosen und kakanischen Senioren im Dinnerjacket Foxtrott tanzten; zur Musik des Schifferklaviers auf der Brsalja unseren Wein tranken; bis nach Mitternacht in unserem Privatquartier vom Zwiebelhacken in der Nachbarschaft und von Rattern der Straßenbahn auf der Put Maršala Tita in unseren Schlaf begleitet wurden, um uns morgens dann freudetrunken nahe dem kleinen Frauenkloster ins Meer zu stürzen. Auf dem Markt versorgten wir uns mit frischen Früchten, Brot und Käse für den Tag, und liefen kreuz und quer durch die schattigen Gassen. Wir begegneten auf unserer ersten Erkundungstour überall freundlichen Menschen; schließlich einer festlichen Prozession von blumengeschmückten Kindern, die – wie wir verwundert vermuteten – wohl zur Kommunion in die Kirche gingen.

Jahre später war Dubrovnik als Perle der Adria ein viel besuchter touristischer Ort geworden. Wir kamen mit unserem in Korčula erworbenem Boot (1971) auf dem Weg über viele Inseln und Landeplätze in stillen Buchten zurück und übernachteten dort im Yachthafen Gruž gemeinsam mit Booten aus aller Welt. Noch später dann besuchten wir Freunde und Kollegen aus dem Umkreis des Inter- University Centers, in dem Veranstaltungen über Fragen und Probleme der Zeit im Programm waren, bis es 1991–1992 durch serbische Granaten zerstört wurde. Heute ist das Zentrum wieder aufgebaut und versucht, da weiterzumachen, wo es abgebrochen wurde.

Aus dem Tagebuch 2003. In der zweiten Woche erst – es ist Montag der 15. September 2003 – meldet sich zaghaft das Bedürfnis zu schreiben. Das Befinden bessert sich merklich, mein Rachen, meine Haut ... Trotzdem, es gab tagsüber meist gute Stimmung, am Pool und im Ort. Heute also ein erster Rückblick, ohne Chronologie.

Cavtat, die alte römische Stadtgründung, ist jung.

Ich bin noch ganz erfüllt von den Begegnungen mit dem jungen Cavtat, das sich am Wochenende selbst gefeiert hat: Ein 30-jähriges Jubiläum im Kulturni Dom war angekündigt. Am Sonnabend gegen 7 Uhr abends versammelten sich die Girls in ihren ballettartigen Uniformen, blau und weiß, vor der Bäckerei, mittendrin im Verkehr, der alles in allem maßvoll und menschlich bleibt.

Unterdessen versammelt sich die Mannschaft fürs Waterpolo: sportlich gut gebaute junge Männer, die im Flutlicht unbefangen ihre Körper zur Schau stellen, halb, nein, fast ganz nackt in ihren knappen Badehosen, ihre Arme kreisen lassen, ihre Beine strecken und gegen Barrieren stemmen, junge Boxer vor dem Kampf, oder die Modelle griechischer Athleten, wie wir sie noch vor kurzem im Berliner Museum oder unter den Kasseler Antiken auf schwarz- und rotfigurigen Vasen und Gefäßen gesehen hatten. Eine Olympiade jugendlicher Lebensfreude, Schönheit und Vitalität, zugeordnet den traditionellen Geschlechterrollen, aber sympathisch unaufdringlich.

So stehen sich auch die kleine, über breite steinerne Stufen erhöhte Barockkirche Sveti Nikola und der hinter den Brettertribünen und der Kaimauer erleuchtet sichtbare Wasserspielplatz im Hafenbecken gegenüber; sie gehören zusammen in dieser Gemeinde, die heute Abend im Lichterglanz erstrahlt, der sich mit dem Mond um die Wette im tiefdunklen Meer spiegelt.

Wie im frühen Hvar sind hier die Proportionen stimmig: Die Eigenart des Ortes prägt auch alle touristischen Invasionen. Selbstverständlich, man ist für die Gäste da: die kleinen Cafés und Bistros bieten das Gewünschte, auch Cola und Bier, die kleinen Restaurants Schnitzel, Hamburger oder Eis. Aber die einmaligen Fischgerichte, die dalmatinischen Spezialitäten sind für die meisten Besucher hier die eigentliche Attraktion. Zahnbrassen oder Garnelen. Gestern im Konavle wieder eine neue Verführung: Käse aus Kuh- und Ziegenmilch 3 Monate lang in Öl gereift.

Aber zurück zur Fiesta:

Es traf sich eher zufällig, dass die internationale Konferenz über „Organische Chemie" neben dem Kulturhaus einen großen Empfang mit Buffetessen vorbereitet hatte. Und wie wenn es nichts Natürlicheres gebe, schmiegten sich lokale und internationale Festkulturen auf's Gelungenste aneinander an: Die Parade der einheimischen Cheergirls und der ihr folgenden Blaskapelle erreichte das Kulturhaus just zu Beginn des Empfangs der Weltelite der Forscher und begrüßte spontan die Gäste, die vom Ural bis Rio global vertreten waren, mit fröhlicher Blasmusik, die da und dort vor Begeisterung auch mal ins Stolpern geriet – wie bei „Rosamunde" – die man doch am Vortag noch so oft geübt hatte.

Aus mehreren Dörfern der Umgebung kamen die Tanz- und Singgruppen auf diesem Platz vor dem Kulturhaus zusammen, und die jungen Schönheiten wetteiferten mit traditionellen und einfallsreichen revueartigen Aufführungen um die Gunst der Besucher. Wir gesellten uns zu den übrigen, einheimischen und touristischen Zaungästen und erlebten eine zu Herzen gehende Verzauberung des Ortes, eine Art globalisiertes Utopia in dörflicher Atmosphäre.

Jetzt wohnen wir also in einem großen kroatischen Hotel. Wenn wir das Hotel mit den Ferienhotels in Malta und Korfu vergleichen – wo wir in den Kriegsjahren Zuflucht gefunden hatten – gibt es kaum Unterschiede: aber wir haben uns dort nicht heimisch gefühlt, uns nach Dalmatien gesehnt. Und wir blicken nun dankbar zurück, erinnern uns wieder an unsere Studentenjahre, in denen wir in privaten Quartieren die Gäste einer Familie waren, an die Übernachtungen in unserem Boot und die wunderbaren Begegnungen auf den Inseln.

Ortsbeschreibung – Hotel Croatia

Im Hotel und am Hafen treffen sie krass aufeinander: Der alte, beinahe romantische Charme eines immer schon dalmatinisch eingefärbten Sozialismus und die verstörende Welt des neoliberalen Kapitalismus. „Croatia" – unser Hotel in Cavtat hat sich im letzten Jahrzehnt zu einem internationalen Ort der Begegnung entwickelt: als Ferienhotel für ganz Europa – in den letzten Jahren bis hin zu Russland; als ein beliebtes, für die kommenden Jahre ausgebuchtes Konferenzhotel für Gäste aus aller Welt. Hier treffen sich Molekular- und Umweltforscher, eine Trainingsmannschaft der Boston Consulting oder europäische Orthopäden, in diesem Jahr gar russische

Telekommunikationstechniker, die ihre Veranstaltungen in der Lobby nur auf Kyrillisch ankündigen.

Die architektonisch geschickt auf einer bewaldeten, felsigen Halbinsel eingefügte Hotelanlage liegt wie ein gewaltiges Segelschiff aus Beton über 130 Stufen hoch über dem kleinen alten Hafenort Cavtat, der citta vecchia, dem Ursprungsort von Dubrovnik, und man sieht die alte, berühmte Festungsstadt auf dem Weg zum Hafen nachts wie eine Lichterkette, ein leuchtendes Schmuckstück im dunklen Meer herübergrüßen. Das Haus wurde noch zu Titozeiten, in den siebziger Jahren gebaut – für wen? Sicher für prominente Gäste und Funktionäre – ähnlich wie das Cliff-Hotel in Rügen, an das es mich erinnert; nicht sehr einfallsreiche massive Betonbauten an den schönsten Plätzen des Landes, aber mit recht bescheiden dimensionierten Zimmern.

Im Jahr 2008 ist es im kapitalistischen System angekommen – sein neuer Besitzer lebt in Chile, soll aber, so erzählt man sich im Ort, kroatische Wurzeln haben. Es gibt in der Bar nun auch chilenische Weine.

Das Hotel „Croatia" – Fünfsterne, 14 Stockwerke, fast 1000 Gäste- gilt heute als das Beste an der dalmatinischen Küste. Der Name „Croatia" ist Ausdruck des neuen Selbstbewusstseins des jungen Nationalstaats, seiner stolzen Geschichte als kroatisches Königreich, einer alten Kultur. Sie hat unter anderem eine weltweit verbreitete Erfindung für das Outfit des zivilisierten Mannes beigesteuert: die Krawatte! – ursprünglich wohl eher ein Halstuch kroatischer Milizionäre, ein Uniformstück also. Man kann es nun in seidener Ausführung als Souvenir in der Hotelboutique erwerben.

Kroatien – der Name ist für uns noch gewöhnungsbedürftig: Seit Jahrzehnten war Jugoslawien für uns ein positiv besetzter Begriff und Dalmatien ein Stück weit Heimat! Der neue alte Name ist für mich noch immer verbunden mit der kaum begreiflichen Tragödie des Balkankriegs, dem Zerfall des Tito-Reichs, das zwar keine ideale Gesellschaft verkörperte, aber eben doch das Potential für einen friedlichen Wandel zur Demokratie zu haben schien. In all den Jahren, in denen wir dort unsere Sommer verbrachten, trafen wir auf Menschen aus allen Lebensbereichen und Landesteilen: Fischer, Bauern, Studenten und Professoren aus Belgrad, Zagreb oder Sarajevo. Und auf den Treffen der philosophischen Sommerschule wurden die sozialen und politischen Probleme immer kritisch, oft kontrovers, aber abends friedlich bei Rotwein und Fisch diskutiert: Die nicht funktionierende Arbeiterselbstverwaltung zum Beispiel oder das Thema „Utopie und Realität".

Es gab Verbote der Tagung, Spannungen mit Funktionären, Studentenproteste in Belgrad, und einige der Professoren wurden zeitweise ausgewiesen oder aus ihren Instituten als Dissidenten verbannt. Sie gingen für einige Semester als Gastprofessoren nach Berlin oder Berkeley wie Svetozar Stojanović oder Mihail Marković, hielten Vorträge über ihre kritische Sicht des Sozialismus und engagierten sich für ihr Land. Zu unserer Entgeisterung allerdings entdeckten sie sich dann plötzlich als Serben, wurden als Berater von Milojević glühende Anwälte des Nationalismus. Eine Kurzschlusshandlung frustrierter Intellektueller, auf der Suche nach ihrer wahren Identität?! Im Wortsinn: Nationale Sozialisten? Für uns schwer zu begreifen???

Neue Begegnungen

Deutsch-französische Freundschaft – ein inzwischen überholtes Thema? Wir erinnern uns an die 60er Jahre, als wir uns auf einer sozialwissenschaftlichen Tagung des deutsch-französischen Jugendwerks in Paris Gedanken machten, was man denn dafür tun könne. Heute erinnern wir uns gemeinsam mit unseren neuen Ferienfreunden daran, dass viele der Probleme von damals uns inzwischen eher fremd vorkommen. Und doch, wie wenig wissen wir noch immer voneinander! Wir waren auf der Suche nach einem hübschen Platz auf der voll besetzten Terrasse, da entdeckten wir die beiden sympathischen Leute an einem Tisch, der auch uns gefiel. Ja, natürlich sei noch Platz für uns, und ehe wir's uns versahen, wechselten wir vom Englisch sprechen ins Deutsche und vom Gespräch übers Wetter zu Themen des Tages, Zeitfragen aller Art. Beide sprachen spontan von Europa, erklärten sich als begeisterte Europäer der ersten Stunde. Brigitte und Michel Vaillant sind im Südwesten Frankreichs zu Hause. Er war einmal Seeoffizier, Korvettenkapitän, und in dieser Eigenschaft zunächst als Patriot im diplomatischen Dienst in der Welt unterwegs. Heute aber engagiert er sich als Ingenieur für die Zusammenarbeit mit deutschen Technikern für das Ariane-Weltraumprojekt in München. Er schätzt seine deutschen

Kollegen, ist dabei auch offen kritisch gegenüber eigenen Landsleuten; sein Deutsch ist hervorragend und er zitiert zu unserem Vergnügen beim Lunch Passagen aus dem „Erlkönig".

Nach dem Krieg hat er in Süddeutschland ein paar Jahre eine deutsche Internatsschule besucht, später auch dort seine Frau kennengelernt. Eine romantische Begegnung in einem Café. Sie arbeitete dort vor ihrem Studium als Aushilfe und servierte ihm einen offenbar verzauberten Kuchen, von dem er nicht mehr lassen konnte. Er kam also immer wieder, des Kuchens wegen, und vergaß alle seine Verabredungen an anderen Orten zum Kummer seiner Familie. Die Verlobung war programmiert, doch er musste erst als Kadett seine obligate Weltreise machen; er versprach zu schreiben und wiederzukommen. Es sollte ihre Probezeit sein. Und er kam, wie versprochen, nach einem Jahr als junger Seeoffizier zurück in den kleinen süddeutschen Ort. Heute sind sie eine große französisch-deutsche Familie, mit drei Kindern und 13 Enkelkindern.

Die älteste Tochter ist dabei allein für sieben von ihnen zuständig, eine Fachärztin für Sozialpsychiatrie, verheiratet mit einem Kollegen. Das Modell Frankreich? Wir lassen uns erzählen, wie so etwas zu leisten ist und erfahren, dass es offenbar keine Ausnahme ist. Schon als junges Mädchen träumte sie von einer großen Familie; sie absolvierte die Schule im Laufschritt, hatte vorher schon große Lust auf den Kindergarten, obwohl die Mutter sie nicht ungern zu Hause betreut hätte. Auch im Studium lief alles nach Plan. Mit Mitte Zwanzig war sie bereits Ärztin, mit Ende zwanzig Mutter. Natürlich habe sie auch häusliche Hilfe, erzählt uns ihre Mutter und ihr Mann sei ihr ein guter Partner. Soviel zur Diskussion um die französische Familienpolitik, die uns ja immer wieder als Beispiel präsentiert wird. Und in diesem Falle wohl auch nicht die allgemeine Norm ist. Mit diesen Eltern! Immerhin, wir haben doch gespürt, wie sehr das Zusammenleben in der Familie, auch in einer durchaus modernen Form, hier ein gelebtes Ideal zu sein scheint. Für uns ein Phänomen…

Bühne der Globalisierung

Abendspaziergang am Kai. Hier begegnen sich Touristen und Einheimische, ohne dass man sie immer genau unterscheiden könnte. Natürlich, die Gesichter der alten Menschen auf den weißgestrichenen Bänken: sie erzählen eine Geschichte, die sehr anders verlaufen sein wird, als die der vorbei flanierenden Pensionäre aus Irland oder Österreich im gepflegten Wanderoutfit. Es sind alte Fischer, Handwerker, staatliche Angestellte. Alle genießen sie nun die milde Abendluft, den Blick aufs Meer und den friedlichen Korso der jungen Leute. Auffallend, die vielen sehr jungen und sehr schlanken Mütter, die – oft in Begleitung des schönen Vaters – ihre Kinder ausführen; man sieht hier – entgegen dem Image, für das der Dalmatiner berühmt ist – nicht selten einen Mann, der den Kinderwagen schiebt. In den Cafés und Bistros ist um diese Zeit viel los. Es wird viel Bier getrunken, aber auch Latte Macchiato. Auf den Flachbildschirmen im Hintergrund flackern grelle Werbespots für Delial oder irgendein einheimisches Getränk. Berichte über Autorennen oder ein Fußballspiel erinnern eher an heimische Kneipen.

Gleich gegenüber, nur durch die blankgelaufenen hellen Steine der Kaianlage getrennt, ein Dutzend Luxusyachten aus aller Herren Länder, ein schriller Kontrast: Motor-, Segel- und Hochsee-Yachten mit so seltsam schönen polynesischen Namen wie *Kapalua* oder, eher geschichtsvergessen, *Bikini M.J.*, (wahrscheinlich ein amerikanisches Schiff von den Marschallinseln). London, als europäischer Herkunftshafen, eine Seltenheit. Die meisten Yachten sind in kleinen Ländern und Steueroasen, auf Inseln wie Nassau (Bahamas) registriert; sie heißen, anspielungsreich, *Seven Sins* oder *Near to Heaven*. Aus Tallinn (Estland) kommt ein besonders großes Schiff; es gehört einem der reichgewordenen Ex-Russen, die hier in jüngster Zeit auch schon mal eine ganze Insel für mehrere Millionen Euro gekauft haben sollen. So jedenfalls erzählt man uns.

Überhaupt, Immobilienkäufe haben so kurz vor dem Beitritt Kroatiens zur EU Konjunktur, und die Iren machen darin das Rennen. Es sind zumeist reizende, sehr deutschfreundliche Leute. Vor zwei Jahren zum Beispiel trafen wir hier im Hotel eine Familie aus Cork, die ihre Tochter Lisa ganz groß in Dubrovnik, in der Sankt Blasius Kathedrale, verheiratet und mit allem Pomp, samt rotem Oldtimer gefeiert hatte. Die jungen Leute ließen uns Anteil nehmen an ihrem Glück und berichteten mit vielen Fotos von dem spektakulären Ereignis.

Gospodin Branković, der riesige Wirt im Restaurant Cavtat gleich gegenüber den Liegeplätzen der großen Yachten, gibt uns Einblick in die Veränderungen am Ort: Die Luxusyachten ließen kein Geld zurück, nur ihren Schmutz im Hafen. Das Personal, ein großer Schwarzer zum Beispiel, käme allenfalls mal kurz zum Essen von Bord seiner gewaltigen Yacht. Man sei besorgt, die Blaue Fahne, die eine Zertifizierung von Umwelt und Wasserqualität bedeutet, würde womöglich wieder aberkannt. Viele der hochmodern mit Satellitenschüsseln und Navigationsgeräten ausgerüsteten Schiffe kommen mir vor wie überdimensionale Kaffeemaschinen, keine Erinnerung mehr an die christliche Seefahrt. Nur selten bekommt man einen Menschen zu sehen.

Erfreulich dagegen ein paar uralte, kräftige Holzschiffe, die das alles überlebt haben – bisher jedenfalls. Sie gehören zum Ort, und sie laden dich ein zu Ausflugsfahrten auf die kleinen Inseln vor Cavtat, nach Locrum, Lopud, Šipan. Oder sie fahren dich in einer halben Stunde in den alten Hafen der Festung Dubrovnik, um dich abends wieder abzuholen. Unter den Bootsleuten gibt es noch Liebhaber einer veritablen Seefahrt. Ein Dutzend Taucher, am Holztisch eines alten Seglers versammelt, genießen, selbstzufrieden pichelnd und kartenspielend, überstandene Abenteuer. Ebenso eine Gruppe französischer Yachties, von der Art wie wir sie zu unseren Bootszeiten gern abends in einer stillen Bucht getroffen haben, sie hocken vergnügt bei einer Flasche Wein – ein starker fröhlicher Kontrast zu den Gespensterschiffen nebenan. Unbeeindruckt auch die Angler, jung und alt, die neben diesen Luxusmaschinen ihre Leinen ins immer noch fischreiche Wasser werfen, als gäbe es nicht dieses verrückte Schauspiel auf ihrem eigenen Kai.

Cavtat ist eine selbstbewusste Gemeinde mit einer langen Tradition, wie man in jedem Reiseführer nachlesen kann. Die Citta Vecchia, die alte Stadt, war ursprünglich der Hafenort, aus dem sich dann später das gegenüberliegende Dubrovnik entwickelte. Wenn heute zum Beispiel Gruppen von Reisenden der großen Kreuzfahrtschiffe, wie der Victoria von der

Cunard Line, von Dubrovnik aus für ein paar Stunden durch die engen Gassen oder über den blankpolierten Kai des Orts geführt werden, erfährt man das alles in gebotener Kürze.[3] Und die zahlreichen, malerischen Fotomotive laden vielleicht dazu ein, zu Hause nachzubereiten, was man in diesen gedrängten Minuten des Aufenthalts als Bilderbeute sichern konnte.

Wir begegnen Anatea Glumać Borbier; sie führt eine kleine Gesellschaft älterer Damen und Herren in sommerlich heller Aufmachung, modischen Sonnenbrillen und Strohhüten, unter ihnen auffallend viele Japaner, zur Besichtigung Richtung Franziskanerkloster. In einer Pause, am Rande, kommen wir ins Gespräch: Sie ist eine für den Tourismus ausgebildete „Gästeführerin", wie sie uns erzählt. Das Wort „Fremdenführer" sei out. Sie hat mehrere Sprachen gelernt, mag ihren Job. Aber: sie und ihre Kollegen fühlten sich in der neuen Situation von den Verantwortlichen in Zagreb ziemlich allein gelassen. Nach dem Krieg habe man sich ja zunächst nichts sehnlicher gewünscht, als dass die Gäste wieder kämen, jetzt sei man jedoch – besonders von den vielen Kreuzfahrtschiffen – so überfordert, dass die berühmte Stradun mitten in Dubrovnik tagsüber oft im Gedränge kaum wieder zuerkennen sei. In den nächsten Jahren müsse man unbedingt über eine Regelung dieser Schiffsbesuche nachdenken; sie erhofft sich Hilfe und Verständnis von der EU. Und sie hat mit ihren Kollegen in Dubrovnik ein

---

3 Die Geschichte und Kultur Dalmatiens, die mit den Steinzeithöhlen in Hvar beginnt, über griechische Kolonien, römische, byzantinische und venezianische Herrschaft und kulturelle Beeinflussung bis zum kroatischen Königtum im Mittelalter reicht, mit historisch so bedeutenden Städten wie das im Diokletianpalast gegründete Split oder die freie Republik Dubrovnik, ist in vielen historischen Studien bearbeitet und beschrieben worden; die Wirren der neueren Geschichte füllen Bände; sie sind hier nicht Gegenstand meines Buchs, wohl aber im Hintergrund anwesend. Der Name „Dalmatia" bezieht sich übrigens auf die gesamte adriatische Küstenregion und die vorgelagerten Inseln; er wird zum ersten mal im 1. Jahrhundert v. Chr. genannt, ersetzt dann immer häufiger den älteren Namen „Illyricum" und wird auf den bekanntesten kriegerischen Stamm jener Zeit, die „Dalmaten" zurückgeführt. Meine Aufzeichnungen und Erinnerungen an Dalmatien sind auch eine Aufforderung an alle, die mit diesem Lande als Freunde oder Reisende verbunden waren, ihre eigenen Erinnerungen wieder aufleben zu lassen.

Europahaus gegründet, das über den Tourismus hinaus Austausch und Kontakte zu anderen europäischen Ländern sucht. Das sei jetzt besonders wichtig, da im Lande der Unmut über die Beitrittsverhandlungen Kroatiens und die Ablehnung der EU ständig wächst. Wir tauschen noch unsere Internet-Adressen aus, für alle Fälle.

Welttheater

Boston Consulting und Fighting age and death
20. September, ein früher swim im Meer, das überraschend temperiert ist gegenüber der Kälte im Bora-Wind, 21 Grad. (Die Franzosen am Frühstückstisch bewundern das.)

Im Foyer eine Ausstellung von zweihundert bemalten Tellern mit ganz unterschiedlichen kuriosen Motiven: Yin und Yang, Blumenmuster, Fische, Fische, Boote, Gesichter, alles sehr bunt. Wir vermuten eine Keramikklasse einer Art Volkshochschule. Nein, wir sind überrascht: es sind zweihundert *Trainees* der *Boston Consulting London,* junge Leute aus aller Welt unterwegs auf einer *Bonding-tour* mit allerhand *in-activities,* wie *grappa-making, sailoring,* Bootsbau aus Pappen, *Quad-bike-tours.* Das müssen wir uns erst einmal übersetzen lassen. Ein hübscher Zwanzigjähriger, Brite, erläutert uns zuvorkommend das Programm, das keinen Kontakt mit den *locals* vorsieht, sondern wohl eher in die Kategorie Coaching fällt; es geht um Teamgeist, um Zusammenhalt in der Gruppe und Verantwortung füreinander. Diese „Hunde" von BIC, die reinen Rattenfänger. Oder soll man sie, freundlicher und vielleicht auch gerechter, als moderne Menschenfischer bezeichnen, die ja irgendwo und –wie auch den Menschen helfen wollen, mit ihren ja wirklich gravierenden ökonomischen Problemen zurecht zu kommen? In wessen Interessen aber? Sicher auch zum Nutzen mancher Firmen, Geschäfte, auch Universitäten, die es nicht hinkriegen, ihre Führungsaufgaben kompetent wahrzunehmen – zum Schaden ihrer Angestellten, Arbeiter, Studenten. Also beobachten, was da passiert. Jedenfalls eine spannende Begegnung mit alles in allem ganz sympathischen jungen Leuten – noch keine Heuschrecken. Also erstmal abwarten. Horst, der Psychologe: ein intelligentes Nachwuchsprogramm. Auf dem Bildschirm im Foyer, angekündigt mit Empfehlungen für *flat shoes* und *sun-tan-protection* das Tagesprogramm.

Am Zeitschriftenkiosk Schlagzeilen in den englische Zeitungen zu *Lehman-Brothers* – große Aufregung, noch keine Ahnung weshalb. Im Rückblick – der Beginn der globalen Finanzkrise.

Wir kehren zu uns zurück, beschließen einen Gang in die Stadt. H. bekommt für Haarschnitt und Wäsche noch rasch einen Termin beim Friseur. Die Meisterin erkennt uns wieder, wir werden freundlich begrüßt – genießen es, im Ort nicht mehr Fremde zu sein. Ein Grund, immer wiederzukommen. Ich finde endlich die kleine Tasche für meine Brille. Die Ansichtspostkarten sind trostlos, soll man sie trotzdem verschicken? Wir könnten noch Einkäufe machen, Trauben und Käse, aber, ehe wir's uns versehen, sind wir auf dem Weg zum Kloster, steigen die schmale Gasse hinauf, hoch zum Berg, durch den stillen duftenden Pinienwald, fühlen uns befreit.

Das Mausoleum ist geöffnet. Wir betrachten die marmornen Engelsköpfe, Jugendstilreliefs von Mestrović, diesmal mit anderem Blick, uns wird wieder einmal bewusst, wie selten Symbole noch authentisch zu uns sprechen, und wie arm unsere Gegenwart an tröstlichen Ritualen ist. Und wir erinnern uns an einen kürzlich verstorbenen Freund.(Er wählte eine Urnenbestattung, obwohl es eine Familiengrabstätte gibt.) Hier, auf dem Friedhof haben die Menschen von Cavtat schon einmal Gelegenheit, die vorbereiteten gemauerten Erdlöcher zu besichtigen, wo sie dereinst ihre letzte Ruhestatt finden. Nur wenige frische Blumen auf den Gräbern, meist Plastik. Der rotweiße Funkmast ragt wie ein Verbindung suchendes Zeichen in den Himmel.

Auf dem Rückweg beobachten wir ein Anlegemanöver mehrerer Segelyachten am Kai, Bavaria Charter, es gibt offenbar Probleme – wir erinnern uns an eigene! Im Restaurant Dalmacija gönnen wir uns ein Krabbenomelett und Weißwein. Der Blick auf den kleinen Kirchturm zwischen den drei Palmen, die die Sonnensegel tragen, die ausgebleichten roten Ziegeldächer kontrastieren mit dem Betrieb der Hauptstraße, den blinkenden Motorrädern, dem putzigen Corso der Touristen, Hausfrauen, Kinderwagen, aus denen manchmal ein kleines Füßchen wie eine rosa Blüte hervorleuchtet. Kontraste, die mich immer wieder entzücken. Dorfszenen, St. Germain des Prés, und dann und wann die dröhnenden Landeanflüge der Flugzeuge, die aus ganz Europa die Urlauber an diese südlichen Küsten Dalmatiens befördern.

Eine unglaubliche Geschichte

Gespräch am Mittag über die Konferenz, die am Wochenende beginnt. Große Transparente und eine Serie von Posterstellwänden informieren in englischer Sprache über das internationale 38th Meeting der – European Enviromental Mutagen Society – und es geht um den Einfluss der Umwelt auf die menschliche Gesundheit. Auf der Lido Terrasse hatten wir gestern eine seltsame Gruppe beobachtet – alle elegant und in Schwarz; wir vermuteten eine Trauergesellschaft. Oder eine Familienversammlung der Camorra? Vielleicht auch Manager eines Pharmakonzerns, nebst Gattinnen. Teilnehmer der Veranstaltung? Alles scheint möglich. Wir informieren uns dann am Empfangstisch und bekommen von freundlichen jungen Leuten das Programm ausgehändigt. Soweit wir verstehen: Wissenschaftler aus aller Welt referieren und diskutieren ihre Forschungsergebnisse zum Thema: Was wissen wir heute über die Ursachen der Krebserkrankung. Und welche Erkenntnisse haben wir zum Verlauf und zur möglichen Heilung. Welche Einwirkungen kommen aus der Umwelt. Ein spannendes Thema, das uns alle angehen kann. Aber ausgerechnet jetzt, an den letzten Tagen unserer Ferien? – wohl eher nicht.

Doch dann entdecken wir einen Namen, der uns elektrisiert: Ein Professor Radman für *cell biology* an der *Medical School* der *René Descartes* Universität, Paris, wird als einer der Initiatoren dieser Konferenz am Sonntagnachmittag, den 21. September in der Orlando Hall die Eröffnungsrede halten. Wir halten die Luft an: Unser Miro! Angekommen in der Weltspitze seiner Forschungs-Community. Ein unerwartetes Wiedersehen mit unserem lieben alten Freund, der nun dauernd global unterwegs, für Verabredungen oft kaum noch erreichbar ist. Wir hatten ihn zuletzt vor drei Jahren in Paris getroffen, und waren sogleich wieder das alte Freundschaftstrio wie in den Sommerferien auf der Insel Sćedro oder beim Tauchen und Fischen in den Buchten vor Hvar. Das ist nun fast ein halbes Jahrhundert her. Wir waren Studenten, er ein Schüler kurz vor dem Abitur. Diese Zeit hat uns, gewissermaßen wahlverwandtschaftlich, auf immer verbunden, auch über eine längere Funkstille hinweg. In jenen frühen Jahren der Ausbildung hatten wir uns gegenseitig besucht, in Zagreb und Göttingen, Brüssel und in Amerika, wo Miroslav bei dem berühmten Molekularbiologen Meselsen in

Cambridge seine Forschungslaufbahn begann und Horst und ich auf der Höhe des Vietnam-Kriegs ein Anderes Amerika für uns entdeckten.

Nun also ein Wiedersehen in einer für alle ganz unerwarteten Situation. Schwierig, wie damit umgehen? Wir schicken ihm eine Message auf's Zimmer. Und der Anruf folgt prompt. Horst: „Menschenskind Miro!" Und Miro: Ob wir denn zu seiner Eröffnungsrede kommen könnten. Wir müssten uns unbedingt treffen. Diesmal begleitet ihn seine Frau, und wir feiern gemeinsam unsere unverwüstliche alte Freundschaft auf der Terrasse und in der Lobby dieses seltsamen Hauses, mit dalmatinischem Wein und Erzählungen.

In seinem Vortrag geht es um die „Selbstheilungskräfte" unserer Zellen, um Doktorzellen, die zugleich diagnostizieren und heilen können, also um nichts weniger, als *fighting age and death*. Mit lebhafter Gebärde, mit bildhafter Sprache erklärt er uns, worum es dabei geht.

Was für ein Thema für unser Wiedersehen......